博雅对外汉语精品教材
短期强化口语教材系列

第四版
4th Edition

汉语会话 301句 下册

Conversational Chinese 301

(Volume 2)

英文注释本
English-Chinese Version

康玉华　来思平　编著
By Kang Yuhua & Lai Siping

图书在版编目(CIP)数据

汉语会话301句：第4版英文注释本.下册 / 康玉华，来思平编著. —北京：北京大学出版社，2015.7
（博雅对外汉语精品教材）
ISBN 978-7-301-25652-7

Ⅰ.①汉…　Ⅱ.①康…②来…　Ⅲ.①汉语–口语–对外汉语教学–教材　Ⅳ.①H195.4

中国版本图书馆CIP数据核字(2015) 第 067982 号

书　　　名	汉语会话301句（第四版）（英文注释本）·下册
著作责任者	康玉华　来思平　编著
责任编辑	周　鹂
标准书号	ISBN 978-7-301-25652-7
出版发行	北京大学出版社
地　　　址	北京市海淀区成府路 205 号　100871
网　　　址	http://www.pup.cn　新浪微博：@北京大学出版社
电子信箱	zpup@pup.cn
电　　　话	邮购部 62752015　发行部 62750672　编辑部 62752028
印　刷　者	北京大学印刷厂
经　销　者	新华书店
	787 毫米 × 1092 毫米　16开本　14.5 印张　234 千字
	2015 年 7 月第 1 版　2017 年 9 月第 3 次印刷
定　　　价	42.00 元

未经许可，不得以任何方式复制或抄袭本书之部分或全部内容。
版权所有，侵权必究
举报电话：010-62752024　电子信箱：fd@pup.pku.edu.cn
图书如有印装质量问题，请与出版部联系，电话：010-62756370

第四版出版说明

《汉语会话301句》堪称当今全球最畅销的对外汉语经典教材。本教材由北京语言学院康玉华、来思平两位教师编写，北京语言学院出版社1990年出版，1998年修订再版，2005年出版第三版，译有近十种外语注释的版本，25年来总销量超过百万册。本版为第四版，经过编者和北京大学出版社汉语及语言学编辑部精心修订，由北京大学出版社出版。

第四版修订的主要是两方面的内容。第一，在不改动原有语言点顺序的前提下，改编内容过时的课文，更换能反映当下社会生活的内容，如增加"高铁""快递""微信"等词语；第二，教学内容的编排精益求精，生词的设置和翻译更加精细，语言点注释更加完善。经过这次修订，《汉语会话301句》这套经典教材又焕发出了新的活力。

好教材是反复修订出来的。在当今对外汉语教材空前繁荣的局面下，经典教材的修订反而愈加凸显其标杆意义。自1990年初版以来，《汉语会话301句》通过不断的自我更新，见证了对外汉语教学事业从兴旺走向辉煌的历程，并且成为潮头的夺目浪花。作为出版人，我有幸主持了本教材全部的三次修订。此次修订融进了最新教学研究理念和教材编写思想，改动最大，质量最高。我们相信，我们为对外汉语教师提供的是最好教的教材，也是外国学生最好用的教材。

北京大学出版社
汉语及语言学编辑部
王飙
2015年4月

《汉语会话301句》是为初学汉语的外国人编写的速成教材。

　　全书共40课，另有复习课8课。40课内容包括"问候""相识"等交际功能项目近30个、生词800个左右以及汉语基本语法。每课分句子、会话、替换与扩展、生词、语法、练习等六部分。

　　本书注重培养初学者运用汉语进行交际的能力，采用交际功能与语法结构相结合的方法编写。全书将现代汉语中最常用、最基本的部分通过生活中常见的语境展现出来，使学习者能较快地掌握基本会话301句，并在此基础上通过替换与扩展练习，达到能与中国人进行简单交际的目的，为进一步学习打下良好的基础。

　　考虑到成年人学习的特点，对基础阶段的语法部分，本书用通俗易懂的语言，加上浅显明了的例句作简明扼要的解释，使学习者能用语法规律来指导自己的语言实践，从而起到举一反三的作用。

　　本书练习项目多样，练习量也较大。复习课注意进一步训练学生会话与成段表达，对所学的语法进行归纳总结。各课的练习和复习课可根据实际情况全部或部分使用。

编者
1989年3月

PREFACE

Conversational Chinese 301 is intended to be an intensive course book for foreigners who have just started to learn Chinese.

This book consists of 40 lessons and 8 reviews. The 40 lessons encompass nearly 30 communicative functions such as "Greetings" and "Making an Acquaintance", about 800 new words and the fundamentals of Chinese grammar. Each lesson is divided into six parts: Sentences, Conversations, Substitution and Extension, New Words, Grammar (Phonetics in first three lessons), and Exercises.

This book lays emphasis on improving the ability of the learner to use Chinese for communication. It integrates the communicative function with the grammatical structure and presents the most essential and useful part of the language in the linguistic environments one is usually exposed to in daily life, so as to enable the learner to master the 301 basic conversational sentences fairly quickly, and on that basis, through "Substitution and Extension" practice, to acquire the ability to carry on simple conversations with the Chinese. In this way, the book will also help lay a solid foundation for further study.

In view of the characteristics of language learning of the adult, we use not only easy-to-understand language, but also simple grammar. All this will help him use the grammatical rules to guide his own language practice and draw inferences about other cases from one instance.

The exercises are varied and plentiful. The reviews give due attention to improving the conversational and narrative skills of the learner, as well as systematically summarizing the grammar points covered. The exercises in each lesson and the reviews may be used in totality or in part, according to actual circumstances.

The Compilers
March, 1989

简称表 Abbreviations

1	名	名词	míngcí	noun
2	代	代词	dàicí	pronoun
3	动	动词	dòngcí	verb
4	能愿	能愿动词	néngyuàn dòngcí	modal verb
5	形	形容词	xíngróngcí	adjective
6	数	数词	shùcí	numeral
7	量	量词	liàngcí	measure word
8	数量	数量词	shùliàngcí	quantifier
9	副	副词	fùcí	adverb
10	介	介词	jiècí	preposition
11	连	连词	liáncí	conjunction
12	助	助词	zhùcí	particle
		动态助词	dòngtài zhùcí	aspect particle
		结构助词	jiégòu zhùcí	structural particle
		语气助词	yǔqì zhùcí	modal particle
13	叹	叹词	tàncí	interjection
14	拟声	拟声词	nǐshēngcí	onomatopoeia
15	头	词头	cítóu	prefix
16	尾	词尾	cíwěi	suffix

CONTENTS 目录

| 21 | 请你参加 WILL YOU JOIN US | 1 |

| 语法 Grammar | 动作的进行 The continuous action |

yāoqǐng
邀请
INVITATION

| 22 | 我不能去 I CAN'T GO | 10 |

| 语法 Grammar | 1. 动态助词"了" The aspect particle "了" |
| | 2. 时段词语作状语 Words or phrases of duration as adverbial adjuncts |

wǎnjù
婉拒
DECLINATION

| 23 | 对不起 I AM SORRY | 19 |

语法 Grammar	1. 形容词"好"作结果补语 The adjective "好" as a complement of result
	2. 副词"就""才" The adverbs "就" and "才"
	3. 趋向补语（2） The complement of direction (2)

dào qiàn
道歉
APOLOGY

| 24 | 真遗憾，我没见到他 IT IS REALLY A PITY THAT I HAVEN'T SEEN HIM | 29 |

| 语法 Grammar | 1. "是不是"构成的正反疑问句 The affirmative-negative question with "是不是" |
| | 2. 用动词"让"的兼语句 The pivotal sentence with the verb "让" |

yíhàn
遗憾
REGRET

| 25 | 这张画儿真美 THIS PAINTING IS REALLY BEAUTIFUL | 38 |

| 语法 Grammar | 1. "又……又……" both…and… |
| | 2. "要是……就……" if…then… |

chēngzàn
称赞
PRAISE

1

| 复习（五） | REVIEW (V) | 47 |

26 祝贺你 CONGRATULATIONS — 52

语法 Grammar
1. 可能补语（1） The complement of potential (1)
2. 动词"了"作可能补语 The verb "了" as a complement of potential
3. "开""下"作结果补语 "开" and "下" as complements of result

zhùhè 祝贺 CONGRATULATION

27 你别抽烟了 PLEASE DON'T SMOKE — 61

语法 Grammar
1. "有点儿"作状语 "有点儿" as an adverbial adjunct
2. 存现句 The sentence expressing existence, appearance or disappearance

quàngào 劝告 PERSUASION

28 今天比昨天冷 IT IS COLDER TODAY THAN IT WAS YESTERDAY — 69

语法 Grammar
1. 用"比"表示比较 The use of "比" for comparison
2. 数量补语 The complement of quantity
3. 用"多"表示概数 "多" indicating an approximate number

bǐjiào 比较 COMPARISON

29 我也喜欢游泳 I ALSO LIKE SWIMMING — 78

语法 Grammar
1. 用"有"或"没有"表示比较 The use of "有" or "没有" for comparison
2. 用"吧"的疑问句 The interrogative sentence with "吧"
3. 时量补语（1） The complement of duration (1)

àihào 爱好 HOBBY

30 请你慢点儿说 PLEASE SPEAK SLOWLY — 87

语法 Grammar
1. 时量补语（2） The complement of duration (2)
2. "除了……以外" besides, except

yǔyán 语言 LANGUAGE

| 复习（六） | REVIEW (VI) | 97 |

目录 CONTENTS

31 那儿的风景美极了 THE SCENERY IS VERY BEAUTIFUL THERE　　102

语法 Grammar	1. 趋向补语（3） The complement of direction (3)
	2. 用"不是……吗"的反问句 The rhetoric question with "不是……吗"

lǚyóu
旅游（1）
TRAVELLING

32 买到票了没有 HAVE YOU GOT THE TICKET　　112

语法 Grammar	1. "见"作结果补语 "见" as a complement of result
	2. 动作的持续 The duration of an action

lǚyóu
旅游（2）
TRAVELLING

33 我们预订了两个房间 WE BOOKED TWO ROOMS　　122

语法 Grammar	1. 形容词重叠与结构助词"地" Reduplication of adjectives and the structural particle "地"
	2. 可能补语（2） The complement of potential (2)

lǚyóu
旅游（3）
TRAVELLING

34 我头疼 I HAVE A HEADACHE　　132

语法 Grammar	1. "把"字句（1） The "把" sentence (1)
	2. "一……就……" no sooner…than…

kàn bìng
看病
TO SEE A DOCTOR

35 你好点儿了吗 ARE YOU BETTER NOW　　141

语法 Grammar	被动句 Passive sentences

tànwàng
探望
TO PAY A VISIT

复习（七） REVIEW (VII)　　150

36 我要回国了 I'LL BE BACK TO MY COUNTRY　　157

语法 Grammar	1. 时量补语（3） The complement of duration (3)
	2. "有的……有的……" some…and the others…

gào bié
告别
DEPARTURE

3

37 真舍不得你们走 WE ARE SORRY TO LET YOU GO — 167

语法 Grammar
1. "虽然……但是……"复句　The complex sentence with "虽然……但是……"
2. "把"字句（2）　The "把" sentence (2)

jiànxíng 饯行 TO GIVE A FAREWELL DINNER

38 这儿托运行李吗 IS THIS THE PLACE FOR CHECKING LUGGAGE — 176

语法 Grammar
1. "不但……而且……"复句　The complex sentence with "不但……而且……"
2. 能愿动词在"把"字句中的位置　The position of modal verbs in the "把" sentence
3. "动"作可能补语　The verb "动" as a complement of potential

tuōyùn 托运 SHIPMENT

39 不能送你去机场了 I CAN'T GO TO THE AIRPORT TO SEE YOU OFF — 186

语法 Grammar
1. 动作的持续与进行　The continuation and progression of an action
2. 用"不如"表示比较　The use of "不如" for comparison

sòngxíng 送行（1） TO SEE SOMEONE OFF

40 祝你一路平安 HAVE A PLEASANT JOURNEY — 195

语法 Grammar
1. "把"字句（3）　The "把" sentence (3)
2. "……了……就……"　no sooner... than...

sòngxíng 送行（2） TO SEE SOMEONE OFF

复习（八）　REVIEW (VIII) — 205

词汇表　VOCABULARY — 212

21 请你参加
WILL YOU JOIN US

一 句子 Sentences

141 喂，北大中文系吗？
Wéi, Běidà Zhōngwénxì ma?
Hello! Is that the Chinese Department of Peking University?

142 我是中文系。①
Wǒ shì Zhōngwénxì.
This is the Chinese Department.

143 您找哪位？
Nín zhǎo nǎ wèi?
Who are you looking for?

144 她在上课呢。
Tā zài shàng kè ne.
She is having a class.

145 请她给我回个电话。
Qǐng tā gěi wǒ huí ge diànhuà.
Please tell her to call me back.

146 我一定转告她。
Wǒ yídìng zhuǎngào tā.
I'll certainly tell her about it.

147 现在你做什么呢？
Xiànzài nǐ zuò shénme ne?
What are you doing there right now?

148 （现在）在休息呢。 I am having a rest.
(Xiànzài) Zài xiūxi ne.

二 会话 Conversations

1

玛丽：喂，北大中文系吗？
Mǎlì: Wéi, Běidà Zhōngwénxì ma?

中文系：对，我是中文系。您找哪位？
Zhōngwénxì: Duì, wǒ shì Zhōngwénxì. Nín zhǎo nǎ wèi?

玛丽：李红老师在吗？
Mǎlì: Lǐ Hóng lǎoshī zài ma?

中文系：不在，她在上课呢。
Zhōngwénxì: Bú zài, tā zài shàng kè ne.

您找她有什么事？
Nín zhǎo tā yǒu shénme shì?

玛丽：她下课以后，请她给
Mǎlì: Tā xià kè yǐhòu, qǐng tā gěi

我回个电话。我叫玛丽。
wǒ huí ge diànhuà. Wǒ jiào Mǎlì.

中文系：好，我一定转告她。她知道您的手机
Zhōngwénxì: Hǎo, wǒ yídìng zhuǎngào tā. Tā zhīdào nín de shǒujī

号吗？
hào ma?

玛丽： 知道，谢谢您！
Mǎlì: Zhīdào, xièxie nín!

中文系： 不客气。
Zhōngwénxì: Bú kèqi.

2

李红： 喂，玛丽吗？刚才你给我打电话了？
Lǐ Hóng: Wéi, Mǎlì ma? Gāngcái nǐ gěi wǒ dǎ diànhuà le?

玛丽： 是啊，现在你做什么呢？
Mǎlì: Shì a, xiànzài nǐ zuò shénme ne?

李红： 在休息呢。
Lǐ Hóng: Zài xiūxi ne.

玛丽： 告诉你，明天晚上有个
Mǎlì: Gàosu nǐ, míngtiān wǎnshang yǒu ge

圣诞节晚会，我请你参加。
Shèngdàn Jié wǎnhuì, wǒ qǐng nǐ cānjiā.

李红： 好，我一定去。
Lǐ Hóng: Hǎo, wǒ yídìng qù.

玛丽： 晚上八点，我在友谊
Mǎlì: Wǎnshang bā diǎn, wǒ zài Yǒuyì

宾馆门口等你。
Bīnguǎn ménkǒu děng nǐ.

李红： 王老师也去吗？
Lǐ Hóng: Wáng lǎoshī yě qù ma?

玛丽： 去，跟她先生一起去②。
Mǎlì: Qù, gēn tā xiānsheng yìqǐ qù.

李红： 那好极了！
Lǐ Hóng: Nà hǎo jí le!

注释 Notes

❶ 我是中文系。 This is the Chinese Department.
电话用语。表示接电话的人所在的单位。
It is an expression used in telephone conversations, denoting the unit where the person who answer the phone works.

❷ 跟她先生一起去。 She will go along with her husband.
"先生"可以用来称自己或别人的丈夫,前面必须有人称代词作定语。
"先生" may be used to call one's husband, and it must take a personal pronoun as an attributive in this circumstance.

三 替换与扩展 Substitution and Extension

替换 Substitution

(1) 我一定<u>转告</u>她。

| 告诉 | 通知 |
| 叫 | 帮助 |

(2) A:现在你做什么呢?
    B:在<u>休息</u>呢。

照相	看报
跳舞	发短信
做练习	听录音
看电视	上网

(3) <u>明天晚上</u>我们有个<u>圣诞节晚会</u>。

星期天	新年晚会
星期六晚上	舞会
新年的时候	音乐会

21 请你参加 WILL YOU JOIN US

扩展 Extension

(1) 里边正在开新年晚会，他们在唱歌
Lǐbian zhèngzài kāi xīnnián wǎnhuì, tāmen zài chàng gē
呢，快进去吧。
ne, kuài jìn qu ba.

(2) 明天上午去参观，八点在留学生楼
Míngtiān shàngwǔ qù cānguān, bā diǎn zài liúxuéshēng lóu
前边上车。请通知一下儿。
qiánbian shàng chē. Qǐng tōngzhī yíxiàr.

四 生词 New Words

1	喂	wéi/wèi	叹	hello
2	中文	Zhōngwén	名	Chinese
3	系	xì	名	department
4	位	wèi	量	*a measure word for people*
5	一定	yídìng	副	certainly
6	转告	zhuǎngào	动	to pass on, to tell
7	刚才	gāngcái	名	just now
8	圣诞节	Shèngdàn Jié	名	Christmas Day
9	晚会	wǎnhuì	名	evening party
10	参加	cānjiā	动	to participate
11	门口	ménkǒu	名	doorway
12	通知	tōngzhī	动/名	to inform; notice

13	帮助	bāngzhù	动	to help
14	报	bào	名	newspaper
15	跳舞	tiào wǔ		to dance
16	新年	xīnnián	名	New Year
17	舞会	wǔhuì	名	dancing party
18	里边	lǐbian	名	inside
19	正在	zhèngzài	副	in the midst of
20	开	kāi	动	to have (a meeting)
21	唱	chàng	动	to sing
22	歌	gē	名	song
23	参观	cānguān	动	to visit

专名 Proper Nouns

| 1 | 李红 | Lǐ Hóng | Li Hong (name of a person) |
| 2 | 友谊宾馆 | Yǒuyì Bīnguǎn | Friendship Hotel |

五 语法 Grammar

动作的进行　The continuous action

（1）一个动作可以处在进行、持续、完成等不同的阶段。要表示动作正在进行，可在动词前加副词"正在""正""在"，或在句尾加语气助词"呢"。有时"正在""正""在"也可以和"呢"同时使用。例如：

An action may undergo different stages. It may be in progress or may have completed. One can add an adverb ("正在", "正" or "在") before the verb or the modal particle "呢" at the end of the sentence to show that the action is going on. Occasionally, "正在", "正" or "在" can be used with "呢" in the same sentence, e.g.

① 学生正在上课（呢）。　② 他来的时候，我正看报纸（呢）。
③ 他在听音乐（呢）。　　④ 他写信呢。

（2）一个进行的动作可以是现在，也可以是过去或将来。例如：
An activity in progress may be at present or at a point of time in the past or future, e.g.

⑤ A：你做什么呢？
　 B：休息呢。（现在 present）
⑥ A：昨天我给你打电话的时候，你做什么呢？
　 B：我做练习呢。（过去 past）
⑦ 明天上午你去找他，他一定在上课。（将来 future）

六 练习 Exercises

1. 用"正在……呢"完成句子并用上括号里的词语　Complete the following sentences with "正在……呢" and the words in the bracket

（1）今天有舞会，他们＿＿＿＿＿＿＿＿＿＿。（跳舞）

（2）你看，玛丽＿＿＿＿＿＿＿＿＿＿。（打电话）

（3）今天天气不错，王兰和她的朋友＿＿＿＿＿＿＿＿＿＿。（照相）

（4）和子＿＿＿＿＿＿＿＿＿＿。（洗衣服）

2. 仿照例子，用"正在……呢"造句　Make sentences with "正在……呢" by following the model

例 Example　去他家　看书 → 昨天我去他家的时候，他正在看书呢。

（1）去邮局　　寄信　　→ _____

（2）去他宿舍　睡觉　　→ _____

（3）去看他　　喝咖啡　→ _____

（4）到动物园　看大熊猫 → _____

（5）到车站　　等汽车　→ _____

（6）到银行　　换钱　　→ _____

3. 完成对话　Complete the following conversation

A：喂，是张老师家吗？

B：对。_____？

A：我找_____。

B：我就是，你是谁啊？

A：_____。今天晚上我请您看电影，好吗？

B：_____。什么时候去？

A：_____。

4. 练习打电话　Practice making telephone calls

（1）A 邀请 B 去听音乐会。

　　　A invites B to a concert.

　　　提示　时间、地点（dìdiǎn, place）。音乐会怎么样？怎么去？
　　　Suggested points　time, place. How is the concert? How to go there?

（2）A 邀请 B 去饭店吃饭。

　　　A invites B to a restaurant.

　　　提示　时间、地点。怎么去？吃什么？
　　　Suggested points　time, place. How to go there? What to eat?

5. 听后复述 Listen and retell

汉斯（Hànsī, Hans）来了，今天我们公司请他参加欢迎会（huì, meeting）。

下午两点钟，翻译小王打电话通知他，告诉他五点半在房间等我们，我们开车去接他。

欢迎会开得很好，大家为友谊干杯，为健康干杯，像一家人一样。

6. 语音练习 Phonetic drills

(1) 常用音节练习 Drills on the frequently used syllables

jian — shíjiān （时间）
jian — jiǎnchá （检查）
jian — jiànkāng （健康）

xiang — xiāngzi （箱子）
xiang — xiǎngxiàng （想象）
xiang — zhào xiàng （照相）

(2) 朗读会话 Read aloud the conversation

A: Wéi, shì yāo èr líng wǔ fángjiān ma?
B: Shì de. Qǐngwèn nǐ zhǎo nǎ wèi?
A: Qǐng jiào Dàwèi jiē diànhuà.
B: Hǎo de. Qǐng děng yíxiàr.
A: Máfan nǐ le, xièxie!

22 我不能去
I CAN'T GO

wǎnjù 婉拒 DECLINATION

一 句子 Sentences

149 我买了两张票。
Wǒ mǎi le liǎng zhāng piào.
I have bought two tickets.

150 真不巧，我不能去。
Zhēn bù qiǎo, wǒ bù néng qù.
Unfortunately I can't go.

151 今天你不能去，那就以后再说①吧。
Jīntiān nǐ bù néng qù, nà jiù yǐhòu zàishuō ba.
If you can't go today, we'd better put the matter aside for the moment.

152 我很想去，可是我有个约会。
Wǒ hěn xiǎng qù, kěshì wǒ yǒu ge yuēhuì.
I'd like to go, but I have a date.

153 你是跟女朋友约会吗？
Nǐ shì gēn nǚpéngyou yuēhuì ma?
Is it a date with your girlfriend?

154 有个同学来看我，我要等他。
Yǒu ge tóngxué lái kàn wǒ, wǒ yào děng tā.
A classmate of mine is coming to see me, so I have to wait for him.

22 我不能去 I CAN'T GO

155 我们好几年没见面了。
Wǒmen hǎojǐ nián méi jiàn miàn le.
We haven't seen each other for a number of years.

156 这星期我没空儿。 I am fully occupied this week.
Zhè xīngqī wǒ méi kòngr.

 会 话 Conversations

1

丽英： 我买了两张票，请你看京剧。
Lìyīng: Wǒ mǎi le liǎng zhāng piào, qǐng nǐ kàn jīngjù.

玛丽： 是吗？② 什么时候的？
Mǎlì: Shì ma? Shénme shíhou de?

丽英： 今天晚上七点一刻的。
Lìyīng: Jīntiān wǎnshang qī diǎn yí kè de.

玛丽： 哎呀，真不巧，我不能去。明天就
Mǎlì: Āiyā, zhēn bù qiǎo, wǒ bù néng qù. Míngtiān jiù

考试了，晚上要复习。
kǎoshì le, wǎnshang yào fùxí.

丽英： 那就以后再说吧。
Lìyīng: Nà jiù yǐhòu zàishuō ba.

2

王兰： 明天下午我们去看电影，你能去吗？
Wáng Lán: Míngtiān xiàwǔ wǒmen qù kàn diànyǐng, nǐ néng qù ma?

大卫：我很想去，可是明天我有个约会。
Dàwèi: Wǒ hěn xiǎng qù, kěshì míngtiān wǒ yǒu ge yuēhuì.

王兰：怎么？是跟女朋友约会吗？③
Wáng Lán: Zěnme? Shì gēn nǚpéngyou yuēhuì ma?

大卫：不是，有个同学来看我，我要等他。
Dàwèi: Bú shì, yǒu ge tóngxué lái kàn wǒ, wǒ yào děng tā.

王兰：他也在北京学习吗？
Wáng Lán: Tā yě zài Běijīng xuéxí ma?

大卫：不，他刚从法国来。我们好几年没
Dàwèi: Bù, tā gāng cóng Fǎguó lái. Wǒmen hǎojǐ nián méi

见面了。
jiàn miàn le.

王兰：你应该陪他玩儿玩儿。
Wáng Lán: Nǐ yīnggāi péi tā wánrwánr.

大卫：这星期我没空儿，下星期
Dàwèi: Zhè xīngqī wǒ méi kòngr, xià xīngqī

我们再一起看电影吧。
wǒmen zài yìqǐ kàn diànyǐng ba.

注释 Notes

❶ 以后再说 to put off until some time later
"再说"可以表示把某件事留待以后再办理或考虑。
"再说" can expresses that something can be put off for later consideration or treatment.

❷ 是吗？ Really?
表示原来不知道某事，听说后觉得有点儿意外。有时还表示不太相信。
The expression is used to show that one is surprised when hearing something he is not aware of, or is sometimes skeptical about it.

❸ 怎么？是跟女朋友约会吗？ Why? Is it a date with your girlfriend?
"怎么"用来询问原因。"是"用来强调后边内容的真实性。
"怎么" is used to inquire about the reason. "是" stresses the truth of the following content.

22 我不能去 I CAN'T GO

三 替换与扩展 Substitution and Extension

替换 Substitution

(1) 我买了两张票。

翻译	个	句子
寄	封	信
参加	个	会
要	辆	出租车

(2) 我们好几年没见面了。

| 好几天 | 好几个月 |
| 好长时间 | 好几个星期 |

(3) 你应该陪他玩儿玩儿。

带	参观
帮	问
帮助	复习
请	介绍

扩展 Extension

(1) 我 正要 去 找 你，你 就 来 了，太 巧 了。
    Wǒ zhèng yào qù zhǎo nǐ, nǐ jiù lái le, tài qiǎo le.

(2) A：那 个 姑娘 真 漂亮。她 是 谁？
      Nà ge gūniang zhēn piàoliang. Tā shì shéi?

   B：她 是 那 个 高 个子 的 女 朋友。
      Tā shì nà ge gāo gèzi de nǚpéngyou.

DECLINATION 13

四 生词 New Words

1	巧	qiǎo	形	fortunate
2	再说	zàishuō	动	to put off until some time later
3	可是	kěshì	连	however, but
4	约会	yuēhuì	名/动	date, appointment; to date
5	女朋友	nǚpéngyou	名	girlfriend
6	同学	tóngxué	名	classmate
7	好几	hǎojǐ	数	several
8	见面	jiàn miàn		to meet, to see
9	空儿	kòngr	名	free time
10	复习	fùxí	动	to review
11	刚	gāng	副	just now
12	陪	péi	动	to accompany
13	句子	jùzi	名	sentence
14	封	fēng	量	a measure word for something enveloped
15	会	huì	名	meeting
16	正	zhèng	副	just, right
17	姑娘	gūniang	名	girl
18	漂亮	piàoliang	形	beautiful
19	高	gāo	形	tall, high
20	个子	gèzi	名	height, stature

五 语法 Grammar

1. 动态助词"了" The aspect particle "了"

（1）在动词之后表示动作所处阶段的助词叫动态助词。动态助词"了"在动词后边表示动作的完成。有宾语时，宾语常带数量词或其他定语。例如：

A particle is called an aspect particle when it is used to indicate the stage which an action has reached. The particle "了" usually indicates the completion of the action denoted by a verb when it comes after that verb. When "了" is followed by an object, that object is often preceded by a quantifier or some other attributive, e.g.

① 他结婚了吗？（第7课）　② 我昨天看了一个电影。
③ 玛丽买了一辆自行车。　④ 我收到了他寄给我的东西。

（2）动作完成的否定是在动词前加"没（有）"，动词后不再用"了"。例如：

To show that an action has failed to occur, one adds "没（有）" before the verb and omits "了" at the same time, e.g.

⑤ 他没来。　⑥ 我没（有）看电影。

2. 时段词语作状语 Words or phrases of duration as adverbial adjuncts

时段词语作状语表示在此段时间内完成了什么动作或出现了什么情况。例如：

A word or phrase of duration indicates a period of time in which some action was completed or something occurred, when it is used as an adverbial adjunct, e.g.

① 他两天看了一本书。　② 我们好几年没见面了。

六 练习 Exercises

1. 用"可是"完成句子 Complete the sentences with "可是"

(1) 他六十岁了，_____。

(2) 今天我去小王家找他，_____。

(3) 他学汉语的时间不长，_____。

(4) 这种苹果不贵，_____。

(5) 我请小王去看电影，_____。

2. 给下面的词语选择适当的位置 Insert the given words into the following sentences at the suitable places

(1) 昨天我复习 A 两课生词 B 。（了）

(2) 我和小王一起参观 A 天安门 B 。（了）

(3) 他 A 没来中国 B 了。（两年）

(4) 你 A 能看完这本书 B 吗？（一个星期）

3. 仿照例子，用动态助词"了"造句 Make sentences with the aspect particle "了" by following the model

例 Example　买　词典　→　昨天我买了一本词典。

(1) 喝　　啤酒　　→ _____

(2) 照　　照片　　→ _____

(3) 复习　两课生词 → _____

(4) 翻译　几个句子 → _____

(5) 开　　会　　　→ _____

(6) 买　　明信片　→ _____

22 我不能去 I CAN'T GO

4. 完成对话 Complete the following conversations

(1) A：今天晚上有舞会，_____？

　　B：大概不行。

　　A：_____？

　　B：学习太忙，没有时间。

　　A：你知道王兰能去吗？

　　B：_____。

　　A：真不巧。

(2) A：圣诞节晚会你唱个中文歌吧。

　　B：_____。

　　A：别客气。

　　B：不是客气，我_____。

　　A：我听你唱过。

　　B：那是英文歌。

5. 会话 Make dialogues

(1) 你请朋友星期天去长城，他说星期天有约会，不能去。
You invite your friend to go visiting the Great Wall on Sunday, but he says he will have a date on Sunday and can't go.

(2) 你请朋友跟你跳舞，他/她说不会跳舞。
You invite your friend to dance together with you, but he/she says he/she can't dance.

6. 用所给词语填空并复述 Fill in the blanks with the given expressions and retell

| 演 | 太巧了 | 陪 | 顺利 |

昨天晚上王兰_____玛丽去看京剧。她们从学校门口坐331路公共汽车去。_____，她们刚走到车站，车就来了。车上人不

多，她们很_____。

京剧_____得很好，很有意思。

7. 语音练习 Phonetic drills

(1) 常用音节练习 Drills on the frequently used syllables

(2) 朗读会话 Read aloud the conversation

A: Nín hē píjiǔ ma?

B: Hē, lái yì bēi ba.

A: Hē bu hē pútaojiǔ?

B: Bù hē le.

A: Zhè shì Zhōngguó yǒumíng de jiǔ, hē yìdiǎnr ba.

B: Hǎo, shǎo hē yìdiǎnr.

A: Lái, gān bēi!

23 对不起 / I AM SORRY

道歉 dào qiàn APOLOGY

一 句子 Sentences

157 对不起，让你久等了。
Duìbuqǐ, ràng nǐ jiǔ děng le.
I am sorry to have kept you waiting for so long.

158 你怎么八点半才来？
Nǐ zěnme bā diǎn bàn cái lái?
Why didn't you come until half past eight?

159 真抱歉，我来晚了。 I am sorry for being late.
Zhēn bàoqiàn, wǒ lái wǎn le.

160 半路上我的自行车坏了。
Bànlù shang wǒ de zìxíngchē huài le.
My bicycle broke down on my way here.

161 自行车修好了吗？ Have you fixed your bicycle?
Zìxíngchē xiū hǎo le ma?

162 我怎么能不来呢？ How could I fail to come?
Wǒ zěnme néng bù lái ne?

163 我们快进电影院去吧。
Wǒmen kuài jìn diànyǐngyuàn qu ba.
Let's go into the cinema right now.

164 星期天我买到一本新小说。
Xīngqītiān wǒ mǎi dào yì běn xīn xiǎoshuō.
I bought a new novel last Sunday.

二 会话 Conversations

1

大卫: 对不起，让你久等了。
Dàwèi: Duìbuqǐ, ràng nǐ jiǔ děng le.

玛丽: 我们约好八点，你怎么八点半才来?
Mǎlì: Wǒmen yuē hǎo bā diǎn, nǐ zěnme bā diǎn bàn cái lái?

大卫: 真抱歉，我来晚了。半路上我的
Dàwèi: Zhēn bàoqiàn, wǒ lái wǎn le. Bànlù shang wǒ de
自行车坏了。
zìxíngchē huài le.

玛丽: 修好了吗?
Mǎlì: Xiū hǎo le ma?

大卫: 修好了。
Dàwèi: Xiū hǎo le.

玛丽: 我想你可能不来了。
Mǎlì: Wǒ xiǎng nǐ kěnéng bù lái le.

大卫: 说好的，我怎么能不来呢?
Dàwèi: Shuō hǎo de, wǒ zěnme néng bù lái ne?

玛丽：我们快进电影院去吧。
Mǎlì: Wǒmen kuài jìn diànyǐngyuàn qu ba.

大卫：好。
Dàwèi: Hǎo.

2

玛丽：刘京，还你词典，用的时间太长了，
Mǎlì: Liú Jīng, huái nǐ cídiǎn, yòng de shíjiān tài cháng le,
请原谅！
qǐng yuánliàng!

刘京：没关系，你用吧。
Liú Jīng: Méi guānxi, nǐ yòng ba.

玛丽：谢谢，不用了。星期天
Mǎlì: Xièxie, bú yòng le. Xīngqītiān
我买到一本新小说。
wǒ mǎi dào yì běn xīn xiǎoshuō.

刘京：英文的还是中文的？
Liú Jīng: Yīngwén de háishi Zhōngwén de?

玛丽：英文的。很有意思。
Mǎlì: Yīngwén de. Hěn yǒu yìsi.

刘京：我能看懂吗？
Liú Jīng: Wǒ néng kàn dǒng ma?

玛丽：你英文学得不错，我想能看懂。
Mǎlì: Nǐ Yīngwén xué de búcuò, wǒ xiǎng néng kàn dǒng.

刘京：那借我看看，行吗？
Liú Jīng: Nà jiè wǒ kànkan, xíng ma?

玛丽：当然可以。
Mǎlì: Dāngrán kěyǐ.

替换与扩展 Substitution and Extension

替换 Substitution

(1) 我们快进电影院去吧。

进电梯	进食堂
回学校	回家
上楼	下楼

(2) 借我看看这本小说，行吗？

骑	辆	自行车
用	个	照相机
用	支	笔
听	张	光盘

扩展 Extension

(1) 那支录音笔我弄坏了。
Nà zhī lùyīnbǐ wǒ nòng huài le.

(2) A：对不起，弄脏你的本子了。
Duìbuqǐ, nòng zāng nǐ de běnzi le.

B：没什么。
Méi shénme.

 生词 New Words

| 1 | 对不起 | duìbuqǐ | 动 | I'm sorry |

23 对不起 I AM SORRY

2	让	ràng	动	to let
3	久	jiǔ	形	long
4	才	cái	副	just
5	抱歉	bàoqiàn	形	sorry
6	半路	bànlù	名	halfway
7	坏	huài	形	bad, broken
8	修	xiū	动	to fix, to repair
9	电影院	diànyǐngyuàn	名	cinema
10	小说	xiǎoshuō	名	novel
11	约	yuē	动	to arrange
12	可能	kěnéng	能愿/形	may, can; possible
13	还	huán	动	to return
14	用	yòng	动	to use
15	原谅	yuánliàng	动	to apologize
16	没关系	méi guānxi		It doesn't matter.
17	英文	Yīngwén	名	English
18	借	jiè	动	to borrow
19	电梯	diàntī	名	lift, elevator
20	光盘	guāngpán	名	disc
21	支	zhī	量	measure word for long, thin, inflexible objects
22	录音笔	lùyīnbǐ	名	digital voice recorder
23	弄	nòng	动	to deal with, to do
24	脏	zāng	形	dirty

五 语法 Grammar

1. 形容词"好"作结果补语 The adjective "好" as a complement of result

（1）表示动作完成或达到完善的地步。例如：
It indicates the completion or accomplishment of an action, e.g.

① 饭已经（yǐjīng, already）做好了。　　② 我一定要学好中文。

（2）"好"作结果补语，有时也表示"定"的意思。例如：
"好" as a complement of result occasionally means "定" (to settle down), e.g.

③ 我们说好了八点去。　　　　　　　④ 时间约好了。

2. 副词"就""才" The adverbs "就" and "才"

副词"就""才"有时可以表示时间的早、晚、快、慢等。用在表示时间的词语后，"就"一般表示事情发生得早、快或进行得顺利；"才"相反，一般表示事情发生得晚、慢或进行得不顺利。例如：

The adverbs "就" and "才" are sometimes used to express such concepts as "early", "late", "quick" and "slow". When used after time expression, "就" normally indicates that an action has been completed earlier and sooner than expected or without a hitch, while the opposite is true of "才", e.g.

① 八点上课，他七点半就来了。（早）

　 八点上课，他八点十分才来。（晚）

② 昨天我去北京饭店，八点坐车，八点半就到了。（早）

　 今天我去北京饭店，八点坐车，九点才到。（晚）

3. 趋向补语（2） The complement of direction (2)

（1）如果动词后既有趋向补语又有表示处所的宾语，处所宾语一定要放在动词和补语之间。例如：
If the verb is followed by both a complement of direction and a locational object, the object should be put between the verb and the complement, e.g.

① 你快下楼来吧。　　② 上课了，老师进教室来了。
③ 他到上海去了。　　④ 他回宿舍去了。

（2）如果是一般宾语（不表示处所），可放在动词和补语之间，也可放在补语之后，一般来说，动作未实现的在"来（去）"之前，已实现的在"来（去）"之后。

An ordinary object (not indicating a place) may be put between the verb and the complement, or after the complement. As a rule, if the action is not accomplished, the object is put before "来（去）"; if the action is finished, however, the object is put after "来（去）", e.g.

⑤ 我想带照相机去。　　⑥ 他没买苹果来。
　　我带去了一个照相机。　　他买来了一斤苹果。

六　练　习　Exercises

1. **给下面的对话填上适当的结果补语并朗读** Complete the following conversation with complements of result and then read aloud

    A：小王，你的自行车修_____了吗？

    B：还没修_____呢。你要用吗？

    A：是。我想借一辆自行车，还没借_____。

    B：小刘有一辆，你去问问他。

    A：问过了，他的自行车也弄_____了。

    B：真不巧。

2. **完成对话** Complete the following conversations

    （1）A：_____，我来晚了。

    　　B：上课十分钟了，为什么来晚了？

    　　A：_____。

B：以后早点儿起床。请坐！

A：_____。

（2）A：请借我用一下儿你的词典。

B：_____。

A：他什么时候能还你？

B：_____，我去问问他。

A：不用了，我去借小王的吧。

B：_____。

3. 看图，用动词加"来"或"去"完成对话 Look at the pictures and complete the conversations with verbs plus "来" or "去"

（1）

A：小刘，你快_____吧，我在楼下等你。

B：我现在就_____。

（2）

A：八点了，你怎么还不_____？

B：今天星期天，我想晚一点儿_____。

（3）

A：小王在吗？
B：他不在。他_____家_____了。
A：他什么时候_____家_____的？
B：不知道。

（4）

A：外边太冷，我们_____里边_____吧。
B：刚_____，一会儿再_____吧。

4. 会话　Make dialogues

（1）你借了同学的自行车，还车的时候你说你骑坏了自行车，表示道歉。
You have borrowed a bicycle from one of your classmates. You make an apology to him/her for having broken it down at the time when you return it to him/her.

（2）你的朋友要借你的照相机用用，你说别人借去了。
Your friend wants to borrow your camera. You tell him/her that you have lent it to somebody else.

5. 听后复述　Listen and retell

　　我和小王约好今天晚上去舞厅（wǔtīng, ballroom）跳舞。下午我们两个人先去友谊商店买东西。从友谊商店出来以后，我去看一个朋友，小王去王府井。我在朋友家吃晚饭，六点半才从朋友家出来。到舞厅门口的时候，七点多了，小王正在那里等我。我说："来得太晚了，真抱歉，请原谅！"他说："没关系。"我们就一起进舞厅去了。

6. 语音练习　Phonetic drills

(1) 常用音节练习　Drills on the frequently used syllables

(2) 朗读会话　Read aloud the conversation

A: Māma, xiànzài wǒ chū qu kàn péngyou.

B: Shénme shíhou huí lai?

A: Dàgài wǎnshang shí diǎn duō.

B: Tài wǎn le.

A: Wǒmen yǒu diǎnr shì, nín bié děng wǒ, nín xiān shuì.

B: Hǎo ba, bié tài wǎn le.

yíhàn
遗憾
REGRET

24 真遗憾，我没见到他

IT IS REALLY A PITY THAT I HAVEN'T SEEN HIM

一 句子 Sentences

165
地上怎么乱七八糟的？
Dìshang zěnme luànqībāzāo de?
Why does the floor look so messy?

166
是不是你出差没关窗户？
Shì bu shì nǐ chū chāi méi guān chuānghu?
Did you forget to close the windows before going out on a business trip?

167
忘了关窗户了。 I forgot to close the window.
Wàng le guān chuānghu le.

168
花瓶也摔碎了！ The vase is also broken.
Huāpíng yě shuāi suì le!

169
太可惜了！ What a pity!
Tài kěxī le!

170
公司有急事，让他马上回国。
Gōngsī yǒu jí shì, ràng tā mǎshàng huí guó.
Tell him to return from abroad immediately, because there is something urgent at the company.

171 他让我告诉你，多跟他联系。
Tā ràng wǒ gàosu nǐ, duō gēn tā liánxì.
He asked me to tell you to get in close touch with him.

172 真遗憾，我没见到他。
Zhēn yíhàn, wǒ méi jiàn dào tā.
It is really a pity that I haven't seen him.

二 会 话 Conversations

1

尼娜：我两天不在，地上怎么乱七八糟的？
Nínà: Wǒ liǎng tiān bú zài, dìshang zěnme luànqībāzāo de?

丽英：是不是你出差没关窗户？昨天风很大。
Lìyīng: Shì bu shì nǐ chū chāi méi guān chuānghu? Zuótiān fēng hěn dà.

尼娜：哎呀，忘了关了，真糟糕！
Nínà: Āiyā, wàng le guān le, zhēn zāogāo!

丽英：以后出门一定要关好窗户。
Lìyīng: Yǐhòu chū mén yídìng yào guān hǎo chuānghu.

尼娜：你看，花瓶也摔碎了。
Nínà: Nǐ kàn, huāpíng yě shuāi suì le.

丽英：是大卫送给你的那个吗？
Lìyīng: Shì Dàwèi sòng gěi nǐ de nà ge ma?

尼娜：是，那是他给我的生日礼物。
Nínà: Shì, nà shì tā gěi wǒ de shēngrì lǐwù.

丽英：太可惜了！
Lìyīng: Tài kěxī le!

24 真遗憾，我没见到他 IT IS REALLY A PITY THAT I HAVEN'T SEEN HIM

2

刘京：昨天李成日回国了。
Liú Jīng: Zuótiān Lǐ Chéngrì huí guó le.

和子：我怎么不知道？
Hézǐ: Wǒ zěnme bù zhīdào?

刘京：公司有急事，让他马上回国。
Liú Jīng: Gōngsī yǒu jí shì, ràng tā mǎshàng huí guó.

和子：真不巧，我还有事找他呢。
Hézǐ: Zhēn bù qiǎo, wǒ hái yǒu shì zhǎo tā ne.

刘京：昨天我和他都给你打电话，可是你关机了。
Liú Jīng: Zuótiān wǒ hé tā dōu gěi nǐ dǎ diànhuà, kěshì nǐ guān jī le.

和子：不是，是我忘了充电，手机没电了。
Hézǐ: Bú shì, shì wǒ wàng le chōng diàn, shǒujī méi diàn le.

刘京：他让我告诉你，多跟他联系。
Liú Jīng: Tā ràng wǒ gàosu nǐ, duō gēn tā liánxì.

和子：真遗憾，我没见到他。
Hézǐ: Zhēn yíhàn, wǒ méi jiàn dào tā.

三 替换与扩展 Substitution and Extension

替换 Substitution

(1) 公司让他马上回国。

经理	出差
老师	翻译生词
玛丽	关窗户

(2) 他让我告诉你多跟他联系。

- 马上去开会
- 常给他打电话
- 明天见面
- 他回国了
- 常给他发电子邮件

扩展 Extension

(1) 王 先 生 去 上 海 出 差 了，是 不 是？
Wáng xiānsheng qù Shànghǎi chū chāi le, shì bu shì?

(2) 我 家 的 花 儿 都 开 了，有 红 的、黄
Wǒ jiā de huār dōu kāi le, yǒu hóng de、huáng
的、白 的，漂 亮 极 了。
de、bái de, piàoliang jí le.

24 真遗憾，我没见到他 IT IS REALLY A PITY THAT I HAVEN'T SEEN HIM

 生词 New Words

1	地	dì	名	floor, ground
2	乱七八糟	luànqībāzāo		in a mess
3	出差	chū chāi		to be on a business trip
4	关	guān	动	to close
5	窗户	chuānghu	名	window
6	忘	wàng	动	to forget
7	花瓶	huāpíng	名	vase
8	摔	shuāi	动	to throw
9	碎	suì	形	broken
10	可惜	kěxī	形	pity
11	急	jí	形	urgent
12	马上	mǎshàng	副	at once, immediately
13	联系	liánxì	动	to contact
14	遗憾	yíhàn	形	sorry
15	见	jiàn	动	to see
16	风	fēng	名	wind
17	糟糕	zāogāo	形	bad, terrible
18	出门	chū mén		to go out
19	礼物	lǐwù	名	present
20	充电	chōng diàn		to charge up
21	红	hóng	形	red
22	黄	huáng	形	yellow
23	白	bái	形	white

专名 Proper Noun

| 尼娜 | Nínà | Nina (name of a person) |

五 语法 Grammar

1. "是不是"构成的正反疑问句   The affirmative-negative question with "是不是"

对某一事实或情况已有估计,为了进一步证实,就用"是不是"构成的疑问句提问。"是不是"可以在谓语前,也可在句首或句尾。例如:

The affirmative-negative question with "是不是" is used to confirm what the speaker already believes. "是不是" can be placed before the predicate or at the beginning of the sentence or at the end, e.g.

① 李成日先生是不是回国了?
② 是不是你的照相机坏了?
③ 这个电影大家都看过了,是不是?

2. 用动词"让"的兼语句   The pivotal sentence with the verb "让"

跟用"请"的兼语句句式一样,动词"让"构成的兼语句也有要求别人做某事的意思。只是用"请"的兼语句用于比较客气的场合。例如:

Like a pivotal sentence with the verb "请", a pivotal sentence with the verb "让" also has the meaning of asking somebody to do something. The only difference is that the former is used in a more polite situation, e.g.

① 他让我带东西。　　② 公司让他回国。
③ 我让他给我照张相。　④ 他让我告诉你,明天去他家。

24 真遗憾，我没见到他 IT IS REALLY A PITY THAT I HAVEN'T SEEN HIM

六 练习 Exercises

1. 熟读下列短语并选择几个造句　Read up on the following expressions and make sentences with some of them

2. 完成对话（用上表示遗憾的词语）　Complete the following conversations (using words expressing regret)

（1）A：听说你的手机坏了。

　　　B：是啊，上个月刚买的。

　　　A：_____。

（2）A：昨天晚上的杂技好极了，你怎么没去看？

　　　B：我有急事，_____。

　　　A：听说这个星期六还演呢。

　　　B：那我一定去看。

3. 按照实际情况回答问题　Answer the following questions according to the actual situations

（1）你汉语说得怎么样？

（2）昨天的课你复习没复习？

（3）今天你出门的时候，关好窗户了没有？

（4）你有没有遗憾的事？

4. 把下面对话中B的话改成用"是不是"的问句 Change the part B of the conversations into questions with "是不是"

　　（1）A：今天我去找小王，他不在。

　　　　　B：他大概回家了。→ _____

　　（2）A：不知道为什么飞机晚点了。

　　　　　B：我想可能是天气不好。→ _____

5. 听后复述 Listen and retell

　　昨天星期天，早上张老师去买菜。中午他爱人要做几个菜，请朋友们在家吃饭。

　　很快，菜就买回来了。红的、绿（lǜ, green）的、白的、黄的……他爱人看了说："这菜又新鲜（xīnxiān, fresh）又好看。"张老师说："好吃不好吃，就看你做得怎么样了！"他爱人说："让你买的肉（ròu, meat）呢？没有肉我怎么做呀？"张老师说："糟糕，我买的肉没拿，交了钱就走了。"他爱人说："那你去找找吧。今天的菜好吃不好吃，就看你了！"

6. 语音练习 Phonetic drills

24 真遗憾，我没见到他 IT IS REALLY A PITY THAT I HAVEN'T SEEN HIM

(2) 朗读会话　Read aloud the conversation

A: Nǐ de xīn zìxíngchē zhēn piàoliang!

B: Kěshì huài le.

A: Zhēn kěxī, néng xiū hǎo ma?

B: Bù zhīdào.

A: Xiūxiu ba, kàn zěnmeyàng.

B: Hǎo.

25 这张画儿真美
THIS PAINTING IS REALLY BEAUTIFUL

一 句子 Sentences

173 你的房间布置得好极了。
Nǐ de fángjiān bùzhì de hǎo jí le.
Your room is beautifully decorated.

174 这张画儿真美!
Zhè zhāng huàr zhēn měi!
This picture is really beautiful!

175 你的房间又干净又漂亮。
Nǐ de fángjiān yòu gānjìng yòu piàoliang.
Your room is clean and beautiful.

176 今天没有人来。 Nobody will come today.
Jīntiān méiyǒu rén lái.

177 你的衣服更漂亮。 Your dress is even prettier.
Nǐ de yīfu gèng piàoliang.

178 这件衣服不是买的,是我
Zhè jiàn yīfu bú shì mǎi de, shì wǒ
妈妈做的。
māma zuò de.
This dress was not bought but made by my mother.

25 这张画儿真美 THIS PAINTING IS REALLY BEAUTIFUL

179
你 妈妈 的 手 真 巧。
Nǐ māma de shǒu zhēn qiǎo.
Your mother is really skillful with her hands.

180
要是 你 喜欢， 就 给 你 女朋友 做 一 件。
Yàoshi nǐ xǐhuan, jiù gěi nǐ nǚpéngyou zuò yí jiàn.
If you like the dress, why won't you have one made for your girlfriend?

 会 话 Conversations

1

王兰：你的房间布置得好极了。
Wáng Lán: Nǐ de fángjiān bùzhì de hǎo jí le.

玛丽：哪儿啊，马马虎虎。
Mǎlì: Nǎr a, mǎmahūhū.

王兰：桌子放在这儿，写字看书都很好。
Wáng Lán: Zhuōzi fàng zài zhèr, xiě zì kàn shū dōu hěn hǎo.

玛丽：你看，衣柜放在床旁边，怎么样？
Mǎlì: Nǐ kàn, yīguì fàng zài chuáng pángbiān, zěnmeyàng?

王兰：很好。拿东西很方便。
Wáng Lán: Hěn hǎo. Ná dōngxi hěn fāngbiàn.

这张画儿真美！
Zhè zhāng huàr zhēn měi!

玛丽：是吗？刚买的。
Mǎlì: Shì ma? Gāng mǎi de.

王兰：你的房间又干净又漂亮。今天谁来啊？
Wáng Lán: Nǐ de fángjiān yòu gānjìng yòu piàoliang. Jīntiān shéi lái a?

玛丽：没有人来。新年快到了。
Mǎlì: Méiyǒu rén lái. Xīnnián kuài dào le.

王兰：啊！明天晚上有舞会。
Wáng Lán: À! Míngtiān wǎnshang yǒu wǔhuì.

玛丽：真的？那明天晚上
Mǎlì: Zhēn de? Nà míngtiān wǎnshang

我们都去跳舞吧。
wǒmen dōu qù tiào wǔ ba.

2

王兰：你今天穿得真漂亮！
Wáng Lán: Nǐ jīntiān chuān de zhēn piàoliang!

玛丽：是吗？过新年了嘛。① 你的衣服更漂亮，
Mǎlì: Shì ma? Guò xīnnián le ma. Nǐ de yīfu gèng piàoliang,

在哪儿买的？
zài nǎr mǎi de?

王兰：不是买的，是我妈妈做的。
Wáng Lán: Bú shì mǎi de, shì wǒ māma zuò de.

玛丽：你妈妈的手真巧！衣服
Mǎlì: Nǐ māma de shǒu zhēn qiǎo! Yīfu

的样子也很好。
de yàngzi yě hěn hǎo.

王兰：我也觉得不错。
Wáng Lán: Wǒ yě juéde búcuò.

刘京：我很喜欢这个颜色。
Liú Jīng: Wǒ hěn xǐhuan zhè ge yánsè.

25 这张画儿真美　THIS PAINTING IS REALLY BEAUTIFUL

玛丽：要是你喜欢，就给你女朋友做一件。
Mǎlì: Yàoshi nǐ xǐhuan, jiù gěi nǐ nǚpéngyou zuò yí jiàn.

刘京：我还没有女朋友呢。
Liú Jīng: Wǒ hái méi yǒu nǚpéngyou ne.

注释　Note

❶ 过新年了嘛。　Obviously for the New Year.
语气助词"嘛"表示一种"道理显而易见""理应如此"的语气。
The modal particle "嘛" has the connotation of "for the obvious reason", "it goes without saying".

三　替换与扩展　Substitution and Extension

替换 Substitution

(1) 你的<u>房间</u>又<u>干净</u>又<u>漂亮</u>。

英文书	容易	有意思
衣服	便宜	好看
女朋友	高	漂亮

(2) 这<u>件</u> <u>衣服</u>不是买的，是<u>我妈妈</u> <u>做</u>的。

个	菜	我自己	做
张	画儿	朋友	画
辆	自行车	我哥哥	借

(3) 我很喜欢这个<u>颜色</u>。

个	孩子	些	花儿
张	照片	辆	汽车
支	铅笔	块	手表

扩展 Extension

(1) 要 是 明 天 天 气 好，我 们 就 去 公 园 划 船。
　　Yàoshi míngtiān tiānqì hǎo, wǒmen jiù qù gōngyuán huá chuán.

(2) A：今 天 他 们 两 个 怎 么 穿 得 这 么 漂 亮？
　　　Jīntiān tāmen liǎng ge zěnme chuān de zhème piàoliang?

　　B：结 婚 嘛。
　　　Jié hūn ma.

四 生词 New Words

1	布置	bùzhì	动	to decorate
2	画儿	huàr	名	painting, drawing
3	美	měi	形	beautiful, pretty
4	又	yòu	副	also
5	更	gèng	副	more, even more
6	手	shǒu	名	hand
7	要是	yàoshi	连	if
8	马马虎虎	mǎmahūhū	形	careless
9	桌子	zhuōzi	名	table
10	放	fàng	动	to put, to place

25 这张画儿真美　THIS PAINTING IS REALLY BEAUTIFUL

11	衣柜	yīguì	名	wardrobe
12	方便	fāngbiàn	形	convenient, easy
13	嘛	ma	助	*modal particle indicating that sth. speaks for itself*
14	样子	yàngzi	名	shape, appearance
15	觉得	juéde	动	to feel, to think
16	颜色	yánsè	名	colour
17	容易	róngyì	形	easy
18	自己	zìjǐ	代	oneself
19	画	huà	动	to draw
20	些	xiē	量	some
21	铅笔	qiānbǐ	名	pencil
22	手表	shǒubiǎo	名	watch
23	这么	zhème	代	like this, such

五 语法 Grammar

1. "又……又……" both...and...

表示两种情况或性质同时存在。例如：
This structure expresses the co-existence of two circumstances or characteristics, e.g.

① 你的房间又干净又漂亮。　② 那儿的东西又便宜又好。
③ 他的汉字写得又好又快。

PRAISE 43

2. "要是……就……" if...then...

"要是"表示假设，后一分句常用副词"就"来承接上文，得出结论。例如：
"要是" introduces a supposition, and the adverb "就", which links the clause that follows it to the one that precedes it, is often used to elicit a conclusion, e.g.

① 你要是有《英汉词典》就带来。

② 要是明天不上课，我们就去北海公园。

③ 你要是有时间，就来我家玩儿。

六 练习 Exercises

1. 回答问题（用上所给的词语） Answer the following questions (using the given words)

（1）北海公园怎么样？ （又……又……）

（2）这个星期天你去公园玩儿吗？（要是……就……）

（3）为什么你喜欢这件衣服？（喜欢 颜色）

（4）这本词典是你买的吗？（不是……，是……）

2. 完成句子（用上"很""真""极了""更""太……了"） Complete the following sentences (using "很", "真", "极了", "更" or "太……了")

（1）这个句子＿＿＿＿＿＿＿＿＿＿，大家都会翻译。

（2）她很会做中国菜，她做的鱼＿＿＿＿＿＿＿＿＿＿。

（3）今天天气＿＿＿＿＿＿＿＿，听说明天天气＿＿＿＿＿＿＿＿。我们应该出去玩儿玩儿。

（4）你这张照片＿＿＿＿＿＿＿＿＿＿，人很漂亮，那些花儿也很美。

25 这张画儿真美 THIS PAINTING IS REALLY BEAUTIFUL

3. 用所给词语完成句子 Complete the following sentences with the given words or expressions

（1）那个商店的东西_____。（又……又……）

（2）这种橘子_____。（又……又……）

（3）要是我有钱，_____。（就）

（4）要是明天天气不好，_____。（就）

4. 完成对话 Complete the following conversations

（1）A：你看，这件毛衣怎么样？

　　B：_____，贵吗？

　　A：一百六十五块。

　　B：_____，还有吗？

　　A：怎么？你也想买吗？

　　B：是啊，_____。

（2）A：你的字写得真好！

　　B：_____，你写得更好。

　　A：_____，我刚学。

5. 听后复述 Listen and retell

玛丽的毛衣是新疆（Xīnjiāng, an autonomous region）生产（shēngchǎn, to produce）的，样子好看，颜色也漂亮。大卫说，新疆的水果（shuǐguǒ, fruit）和饭菜也好吃极了。玛丽听了很高兴。她约大卫今年七月去新疆。在新疆可以玩儿，可以吃很多好吃的东西。大卫让玛丽别吃得太多，要是吃得太多，回来以后就不能穿那件毛衣了。

6. 语音练习 Phonetic drills

(1) 常用音节练习 Drills on the frequently used syllables

(2) 朗读会话 Read aloud the conversation

A: Zhèxiē huār shì mǎi de ma?

B: Bú shì mǎi de, shì wǒ zuò de.

A: Nǐ de shǒu zhēn qiǎo!

B: Nǎr a, wǒ gāng xué.

A: Shì gēn Hézǐ xué de ma?

B: Bú shì, shì gēn yí ge Zhōngguó tóngxué xué de.

复习（五）
REVIEW (V)

一 会话 Conversations

1

A：刚才小林来找你，你不在。

B：我去朋友那儿，刚回来。他有事吗？

A：他让我告诉你，下星期六他结婚，请你去喝喜酒（xǐjiǔ, wedding feast）。

B：真的吗？那我一定去。我还没参加过中国人的婚礼（hūnlǐ, wedding ceremony）呢。

A：下星期六我来找你，我们一起去。

B：好的。

2

A：你怎么了？病（bìng, to get sick）了吗？

B：是的。真遗憾，今天我不能去参加小林的婚礼了。

A：你就在宿舍休息吧，我一个人去。再见！

B：再见！

3

A：可以进来吗？

B：请进。

A：你看，谁来了？

B：啊，小林！对不起，那天我病了，没去参加你们的婚礼。

林：没关系。你的病好了吗？

B：好了。

林：今天我给你送喜糖（xǐtáng, wedding sweets）来了。

B：谢谢你！听说你爱人很漂亮。

A：她还会唱歌跳舞呢。那天唱得好听极了。他们还表演（biǎoyǎn, to perform）了两个人吃一块糖。

林：你别听他的。

B：那是接吻（jiē wěn, to kiss）吗？

A：是的，中国人不在别人面前（miànqián, in front of）接吻，这是结婚的时候大家闹着玩儿（nào zhe wánr, to do something for fun）的。

二 语法 Grammar

语气助词"了"与动态助词"了" The modal particle "了" and the aspect particle "了"

（1）语气助词"了"用在句尾，强调某事或某情况已经发生；动态助词"了"用在动词后，强调这个动作已经完成或肯定要完成。例如：

The modal particle "了" is put at the end of a sentence to emphasize that a thing or a situation has already occurred, whereas the aspect particle "了" is put after the verb to emphasize that the action is completed or is sure to be completed, e.g.

① A：昨天你去哪儿了？　② A：你买了什么东西？

B：我去友谊商店了。　　　B：我买了一件毛衣。

（肯定这件事已发生　　　（"买"的动作已完成
The thing has already occurred for sure）　　The action is completed）

（2）动词后既有动态助词"了"，又有简单宾语时，宾语前一般要有数量词或其他定语，或者有比较复杂的状语，才能成句。例如：

If the verb is followed by the aspect particle "了" and a simple object, a quantifier or some other attributive or a more complicated adverbial is normally used before the object to make the sentence grammatically correct, e.g.

③ 我买了一件毛衣。　　　④ 他做了很好吃的菜。
⑤ 我很快地转告了她。

（3）不表示具体动作的动词"是""在""像"等和表示存在的"有"，一般不用动态助词"了"。

Stative verbs such as "是", "在" and "像" and the existential verb "有" do not take the aspect particle "了".

（4）不表示具体动作的动词谓语句、一般的动词谓语句否定式和形容词谓语句等，句尾都可带"了"，表示变化。例如：

The sentence with a stative verbal predicate, the negative form of the sentence with a verbal predicate and the sentence with an adjectival predicate may all end with "了" to express that things have changed, e.g.

⑥ 现在是冬天（dōngtiān, winter）了，天气冷了。
⑦ 他现在不是学生，是老师了。
⑧ 我不去玛丽那儿了。

三　练习　Exercises

1. 按照实际情况回答问题　Answer the following questions according to the actual situations

（1）现在你正在做什么？昨天这个时候你在做什么？
（2）到中国以后，你都去哪儿了？买了什么？
（3）你说汉语说得怎么样？汉字会不会写？
（4）你有没有觉得遗憾的事？请说一说。

2. 会话 Make dialogues

(1) 称赞 Praise （衣服、吃的、房间）

> 多好（漂亮、美、好看）啊！
> 真好吃（干净……）！
> ……极了！
> 又……又……

> 哪儿啊！
> 马马虎虎！
> 是吗？

(2) 道歉 Apology （来晚了、弄坏了东西、弄脏了东西）

> 对不起！　　　没关系。
> 请原谅！　　　没什么。
> 真抱歉！

(3) 遗憾 Regret （好的地方没去、喜欢的东西没买到）

> 太可惜了！　　真不巧！　　真遗憾！

3. 完成对话 Complete the following conversations

(1) A：喂，玛丽吗？今天我请你吃晚饭。

　　B：真的吗？_____？

　　A：北京饭店。_____。

　　B：不用接我，七点我自己去。

(2) A：昨天的话剧好极了，你怎么没去看啊？

　　B：_____。_____！这个星期还演吗？

　　A：可能还演，你可以打电话问问。

4. 语音练习　Phonetic drills

（1）声调练习：第二声+第四声　Drills on tones: 2nd tone + 4th tone

yíhàn　　（遗憾）

búyào (don't) yíhàn　　（不要遗憾）

yídìng búyào yíhàn　　（一定不要遗憾）

（2）朗读会话　Read aloud the conversation

A: Zhè jiàn máoyī zhēn piàoliang, wǒ hěn xǐhuan zhè ge yánsè.

B: Kěxī yǒudiǎnr duǎn.

A: (Duì C) Nǐ bāng wǒ kànkan, yǒu cháng diǎnr de ma?

C: Méi yǒu.

A: Zhēn yíhàn.

四　阅读短文　Reading Passage

我昨天晚上到北京。今天早上我对姐姐说，我出去玩儿玩儿。姐姐说："你很累了，昨天晚上也没睡好觉，你今天在家休息，明天我带你去玩儿。"我在家觉得没意思，姐姐出去买东西的时候，我就一个人坐车出去了。

北京这个地方很大，我第一次来，也不认识路。汽车开到一个公园前边，我就下车了，进了那个公园。

公园的花儿开得漂亮极了。玩儿了一会儿我觉得累了，就坐在长椅（chángyǐ, bench）上休息。

"喂，要关门（guān mén, to close the door）了，快回去吧！"一个公园里的人叫我。哎呀，刚才我睡着（shuì zháo, to fall asleep）了。现在已经（yǐjīng, already）很晚了，我想姐姐一定在找我呢，得（děi, have to）快回家了。

26 祝贺你
CONGRATULATIONS

一 句子 Sentences

181 这次考试，成绩还可以。
Zhè cì kǎoshì, chéngjì hái kěyǐ.
The result of this examination is quite good.

182 他的成绩全班第一。
Tā de chéngjì quán bān dì yī.
He came out first in the exam for the whole class.

183 考得真好，祝贺你！
Kǎo de zhēn hǎo, zhùhè nǐ!
Congratulate you on the success in the exam!

184 祝你生日快乐！ Happy birthday to you!
Zhù nǐ shēngrì kuàilè!

185 祝你身体健康！ I wish you good health.
Zhù nǐ shēntǐ jiànkāng!

186 尼娜有事来不了。
Nínà yǒu shì lái bu liǎo.
Nina will not be able to come because she is engaged.

26 祝贺你 CONGRATULATIONS

187 你打开盒子看看。
Nǐ dǎ kāi hézi kànkan.
Please open the box and have a look.

188 我送你一件礼物,请收下。
Wǒ sòng nǐ yí jiàn lǐwù, qǐng shōu xia.
I give you a gift. Please accept it.

 会 话 Conversations

1

刘京: 这次考试成绩怎么样?
Liú Jīng: Zhè cì kǎoshì chéngjì zěnmeyàng?

大卫: 还可以。笔试九十分,口试八十五分。
Dàwèi: Hái kěyǐ. Bǐshì jiǔshí fēn, kǒushì bāshíwǔ fēn.

玛丽: 你知道吗?他的成绩全班第一。
Mǎlì: Nǐ zhīdào ma? Tā de chéngjì quán bān dì yī.

刘京: 考得真好,祝贺你!
Liú Jīng: Kǎo de zhēn hǎo, zhùhè nǐ!

大卫: 玛丽也考得不错。
Dàwèi: Mǎlì yě kǎo de búcuò.

玛丽: 这要感谢刘京和
Mǎlì: Zhè yào gǎnxiè Liú Jīng hé

王 兰的帮助。
Wáng Lán de bāngzhù.

2

玛丽：王兰，祝你生日快乐！
Mǎlì: Wáng Lán, zhù nǐ shēngrì kuàilè!

刘京：我们送你一个生日蛋糕。祝你身体健康！
Liú Jīng: Wǒmen sòng nǐ yí ge shēngrì dàngāo. Zhù nǐ shēntǐ jiànkāng!

王兰：谢谢！
Wáng Lán: Xièxie!

大卫：这是我给你的花儿。
Dàwèi: Zhè shì wǒ gěi nǐ de huār.

王兰：这些花儿真漂亮。
Wáng Lán: Zhè xiē huār zhēn piàoliang.

大卫：尼娜有事来不了，她祝你生日愉快。
Dàwèi: Nínà yǒu shì lái bu liǎo, tā zhù nǐ shēngrì yúkuài.

王兰：谢谢。大家请坐。
Wáng Lán: Xièxie. Dàjiā qǐng zuò.

和子：我送你一件礼物，请收下。
Hézǐ: Wǒ sòng nǐ yí jiàn lǐwù, qǐng shōu xia.

刘京：你知道她送的是什么吗？
Liú Jīng: Nǐ zhīdào tā sòng de shì shénme ma?

王兰：不知道。
Wáng Lán: Bù zhīdào.

和子：你打开盒子看看。
Hézǐ: Nǐ dǎ kāi hézi kànkan.

王兰：啊，是一只小狗。
Wáng Lán: À, shì yì zhī xiǎo gǒu.

刘京：这个小东西多可爱啊！①
Liú Jīng: Zhè ge xiǎo dōngxi duō kě'ài a!

26 祝贺你 CONGRATULATIONS

> **注释 Note**
>
> ❶ 这个小东西多可爱啊！ How lovely is this little thing!
> "小东西"这里指的是玩具"小狗"。有时"小东西"也可指人或动物，并含有喜爱的感情。
> "小东西" here refers to a toy puppy, sometimes it may refer to a person or an animal with affection.

 替换与扩展 Substitution and Extension

替换 Substitution

（1）祝你<u>生日快乐</u>！

生日愉快	身体健康
生活幸福	工作顺利

（2）你打开<u>盒子</u> <u>看看</u>。

衣柜	找	窗户	看
信箱	看	门	看

（3）这个<u>小东西</u>多<u>可爱</u>啊！

公园	美	问题	难
鱼	好吃	地方	好玩儿

扩展 Extension

（1）今 天 玛 丽 的 一 个 朋 友 结 婚， 玛 丽 发 了 微 信
　　Jīntiān Mǎlì de yí ge péngyou jié hūn, Mǎlì fā le wēixìn
　　祝 贺 他 们。
　　zhùhè tāmen.

（2）祝 你 们 新 婚 愉 快， 生 活 幸 福！
　　Zhù nǐmen xīnhūn yúkuài, shēnghuó xìngfú!

四 生词 New Words

1	成绩	chéngjì	名	result, achievement
2	全	quán	形/副	all, very; entirely, completely
3	班	bān	名	class
4	考	kǎo	动	to give (or take) an examination
5	祝贺	zhùhè	动	to congratulate
6	祝	zhù	动	to congratulate
7	快乐	kuàilè	形	happy
8	了	liǎo	动	used in conjunction with "得" and "不" after a verb to express possibility
9	打开	dǎ kāi		to open
10	盒子	hézi	名	box
11	笔试	bǐshì	名	written exam
12	分	fēn	名	credit points, marks
13	口试	kǒushì	名	oral exam
14	蛋糕	dàngāo	名	cake
15	只	zhī	量	measure word for animals
16	狗	gǒu	名	dog
17	可爱	kě'ài	形	lovely
18	幸福	xìngfú	形/名	happy; happiness
19	门	mén	名	door, gate
20	问题	wèntí	名	problem, question
21	难	nán	形	difficult, hard
22	微信	wēixìn	名	WeChat
23	新婚	xīnhūn	动	newly-wed

五 语法 Grammar

1. 可能补语（1） The complement of potential (1)

在动词和结果补语之间加上结构助词"得"，就构成了表示可能的可能补语。如"修得好""打得开"，就是"能修好""能打开"的意思。它的否定式是将中间的"得"换成"不"，如"修不好""打不开"等等。

A complement of potential is usually formed by inserting the structural particle "得" between the verb and the complement of result, e.g. "修得好", "打得开" which mean "能修好" and "能打开" respectively. Its negative form is realized by the replacement of "得" with "不", e.g. "修不好", "打不开", and so on.

2. 动词"了"作可能补语 The verb "了" as a complement of potential

（1）动词"了"表示"完毕"或"结束"的意思。常用在动词后，构成可能补语，表示对行为实现的可能性作出估计。例如：

The verb "了" means "to finish", "to complete". It is often put after the verb to form a complement of potential. Such a construction makes assessment of the possible execution of an action. e.g.

① 明天你去得了公园吗？　　② 他病了，今天来不了了。

（2）有时作可能补语仍旧表示"完毕"的意思。例如：
Though used as a complement of potential, sometimes it still means "completion", e.g.

③ 这么多菜，我一个人吃不了。
④ 做这点儿练习，用不了半个小时。

3. "开""下"作结果补语 "开" and "下" as complements of result

A. 动词"开"作结果补语 The verb "开" as a complement of result

（1）表示通过动作使合拢、连接的东西分开。例如：
To cause something folded or fastened to become open through an activity, e.g.

① 她打开衣柜拿了一件衣服。
② 请打开书，看第十五页（yè, page）。

（2）表示通过动作，使人或物离开某处。例如：
To get a person or a thing away from its original place through an activity, e.g.

③ 车来了，快走开！
④ 快拿开桌子上的东西。

B. 动词"下"作结果补语　　The verb "下" as a complement of result

（1）表示人或事物随动作从高处到低处。例如：
To indicate a downward movement, e.g.

⑤ 你坐下吧。
⑥ 他放下书就去吃饭了。

（2）使某人或某物固定在某处。例如：
To make somebody or something stay in place, e.g.

⑦ 写下你的电话号码。
⑧ 请收下这个礼物吧。

六　练习　Exercises

1. 熟读下列短语并选择几个造句　Read up on the following expressions and make sentences with some of them

全班	生活幸福	买礼物	来得了
全家	全家幸福	送礼物	来不了
全校	幸福的生活	生日礼物	吃得了
全国	幸福的孩子	结婚礼物	吃不了

26 祝贺你 CONGRATULATIONS

2. 用"多……啊"完成句子　Complete the following sentences with "多……啊"

　　(1) 这件衣服的颜色 _____，孩子们穿最好看。

　　(2) 上课的时候，我去晚了，你知道我 _____！

　　(3) 你没去过长城？那 _____！

　　(4) 你爸爸、妈妈都很健康，你们全家 _____！

　　(5) 你新买的自行车坏了，_____！

3. 完成对话（用上祝愿、祝贺的话）　Complete the following conversations (using words expressing good wishes or congratulations)

　　(1) A：听说你的两张画儿参加了画展，_____！

　　　　B：谢谢！欢迎参观。

　　(2) A：明天要考试了。

　　　　B：_____！

　　(3) A：我妈妈来了，我明天陪她出去玩儿玩儿。

　　　　B：_____！

4. 用结果补语或可能补语完成句子　Complete the following sentences with the complements of result or potential

　　(1) 房间里太热了，请 _____。

　　(2) 这是他给你的礼物，请 _____。

　　(3) 我的手表坏了，_____？

　　(4) 这么多菜，我们 _____。

　　(5) 这件衣服真脏，_____？

　　(6) 明天的会你 _____？

5. 会话 Make dialogues

（1）你朋友考试成绩很好，你向他/她祝贺。
Your friend got a good mark in exam, and you would congratulate him/her.

（2）你的朋友结婚，你去祝贺他/她。
Your friend got married, and you went to congratulate him/her.

6. 听后复述 Listen and retell

上星期英语系的同学用英语唱歌、演话剧（huàjù, stage play）。王兰、刘京都参加了。那些同学的英语说得真好，歌唱得更好。以后我们要是能用汉语演话剧就好了。

刘京他们班演的话剧是全系第一，王兰唱歌是第三。我们高兴极了，都去祝贺他们。

7. 语音练习 Phonetic drills

(1) 常用音节练习 Drills on the frequently used syllables

(2) 朗读会话 Read aloud the conversation

A: Xīnnián hǎo!

B: Xīnnián hǎo! Zhù nǐ xīnnián kuàilè!

A: Zhù nǐmen quán jiā xìngfú!

B: Zhù nǐmen shēntǐ jiànkāng, shēnghuó yúkuài!

A: Xièxie!

quàngào
劝告
PERSUASION

27 你别抽烟了
PLEASE DON'T SMOKE

一 句子 Sentences

189 我有点儿咳嗽。 I have a cough.
Wǒ yǒudiǎnr késou.

190 你别抽烟了。 Please don't smoke.
Nǐ bié chōu yān le.

191 抽烟对身体不好。
Chōu yān duì shēntǐ bù hǎo.
Smoking is not good for your health.

192 你去医院看看吧。 You'd better go to a hospital.
Nǐ qù yīyuàn kànkan ba.

193 你开车开得太快了。 You drive too fast.
Nǐ kāi chē kāi de tài kuài le.

194 开快了容易出事故。
Kāi kuài le róngyì chū shìgù.
You may have an accident if you drive fast.

195 昨天清华大学前边出交通事故了。
Zuótiān Qīnghuá Dàxué qiánbian chū jiāotōng shìgù le.
There was a traffic accident in front of Tsinghua University yesterday.

PERSUASION **61**

196 你得注意安全啊！
Nǐ děi zhùyì ānquán a!
You must be careful about your own safety.

二 会 话 Conversations

1

李红: 老张①，你怎么了？
Lǐ Hóng: Lǎo Zhāng, nǐ zěnme le?

老张: 没什么，有点儿咳嗽。
Lǎo Zhāng: Méi shénme, yǒudiǎnr késou.

李红: 你别抽烟了。
Lǐ Hóng: Nǐ bié chōu yān le.

老张: 我每天抽得不多。
Lǎo Zhāng: Wǒ měi tiān chōu de bù duō.

李红: 那对身体也不好。
Lǐ Hóng: Nà duì shēntǐ yě bù hǎo.

老张: 我想不抽，可是觉得不舒服。
Lǎo Zhāng: Wǒ xiǎng bù chōu, kěshì juéde bù shūfu.

李红: 时间长了就习惯了。
Lǐ Hóng: Shíjiān cháng le jiù xíguàn le.

老张: 好，我试试。今天先吃点儿药。
Lǎo Zhāng: Hǎo, wǒ shìshi. Jīntiān xiān chī diǎnr yào.

李红: 你去医院看看吧。
Lǐ Hóng: Nǐ qù yīyuàn kànkan ba.

27 你别抽烟了 PLEASE DON'T SMOKE

2

王兰： 你开车开得太快了。这样不安全。
Wáng Lán: Nǐ kāi chē kāi de tài kuài le. Zhèyàng bù ānquán.

大卫： 我有事，得快点儿去。
Dàwèi: Wǒ yǒu shì, děi kuài diǎnr qù.

王兰： 那也不能开得这么快。
Wáng Lán: Nà yě bù néng kāi de zhème kuài.

大卫： 没关系。我开车的技术好。
Dàwèi: Méi guānxi. Wǒ kāi chē de jìshù hǎo.

王兰： 开快了容易出事故。昨天清华大学
Wáng Lán: Kāi kuài le róngyì chū shìgù. Zuótiān Qīnghuá Dàxué

前边出交通事故了。
qiánbian chū jiāotōng shìgù le.

大卫： 真的吗？
Dàwèi: Zhēn de ma?

王兰： 你得注意安全啊！
Wáng Lán: Nǐ děi zhùyì ānquán a!

大卫： 好，我以后不开
Dàwèi: Hǎo, wǒ yǐhòu bù kāi

快车了。
kuài chē le.

注释 Note

① 老张 old Zhang

对五六十岁的同事、朋友、邻居等，在姓氏前面加"老"用作称呼，其语气比直呼姓名亲切，对女性不常用。

It sounds more affectionate to address a colleague, friend or neighbour in his fifties or sixties by adding "老" before his name. "老" is not often used for women.

三 替换与扩展 Substitution and Extension

替换 Substitution

(1) 你别抽烟了。

| 去那儿 | 喝酒 |
| 开快车 | 迟到 |

(2) 你开车开得太快了。

写字	写	慢
睡觉	睡	晚
起床	起	早
说汉语	说	快

扩展 Extension

(1) 我头疼、咳嗽，可能感冒了。一会儿我去医院看病。
Wǒ tóu téng、késou, kěnéng gǎnmào le. Yīhuǐr wǒ qù yīyuàn kàn bìng.

(2) 每个人都要注意交通安全。
Měi ge rén dōu yào zhùyì jiāotōng ānquán.

(3) 小孩子不要在马路上玩儿。
Xiǎoháizi búyào zài mǎlù shang wánr.

27 你别抽烟了 PLEASE DON'T SMOKE

生词 New Words

1	有点儿	yǒudiǎnr	副	a little, slightly
2	咳嗽	késou	动	to cough
3	抽	chōu	动	to smoke
4	烟	yān	名	cigarette
5	医院	yīyuàn	名	hospital
6	事故	shìgù	名	accident
7	交通	jiāotōng	名	traffic
8	得	děi	能愿	must, have to
9	注意	zhùyì	动	to be careful
10	安全	ānquán	形	safe
11	每	měi	代	every
12	舒服	shūfu	形	comfortable
13	习惯	xíguàn	动/名	to be used to; habit
14	药	yào	名	medicine
15	技术	jìshù	名	technique
16	迟到	chídào	动	to be late
17	头	tóu	名	head
18	疼	téng	形	painful, aching
19	感冒	gǎnmào	动/名	to catch (a) cold; cold
20	病	bìng	名/动	illness; to be sick
21	不要	búyào	副	don't
22	马路	mǎlù	名	street, road

五 语法 Grammar

1. "有点儿" 作状语 "有点儿" as an adverbial adjunct

"有点儿" 在动词或形容词前作状语,表示程度轻微,并带有不如意的意思。例如:
When used as an adverbial adjunct before a verb or an adjective, "有点儿" denotes "a slight degree" and carries a touch of dissatisfaction, e.g.

① 这件事有点儿麻烦。　　② 今天有点儿热。
③ 他有点儿不高兴。

2. 存现句 The sentence expressing existence, appearance or disappearance

表示人或事物在某处存在、出现或消失的动词谓语句叫作存现句。例如:
This is a kind of sentences with a verbal predicate which describes the existence, appearance or disappearance of a person or thing, e.g.

① 昨天清华大学前边出交通事故了。
② 桌子上有一本汉英词典。
③ 前边走来一个外国人。
④ 上星期走了一个美国学生。

六 练习 Exercises

1. 用 "有点儿" 或 "(一)点儿" 填空　Fill in the blanks with "有点儿" or "(一)点儿"

(1) 这件衣服 _____ 长,请换一件短 _____ 的。

(2) 刚来中国的时候,我生活 _____ 不习惯,现在习惯 _____ 了。

(3) 现在这么忙,你应该注意 _____ 身体。

(4) 你病了,得去医院看看,吃 _____ 药。

(5) 他刚才喝了 _____ 酒,头 _____ 疼,现在已经好 _____ 了。

27 你别抽烟了 PLEASE DON'T SMOKE

2. 完成对话 Complete the following conversations

（1）A：我想骑车去北海公园。

B：路太远，_____。

A：_____，我不累。

B：路上车多人多，要_____。

A：我会的。

（2）A：我们唱唱歌吧。

B：_____，现在十一点了，大家都要休息了。

A：好，_____。

3. 会话（用上表示劝告的话） Make dialogues (using persuasive remarks)

（1）有个人在公共汽车上抽烟，售票员和抽烟的人对话。
Between a conductor and a passenger who is smoking in the bus.

（2）有一个参观的人要照相，可是这里不允许照相。你告诉他并劝阻他。
A visitor wants to take photos. You tell him that taking photos is forbidden here.

（3）有一个人骑车，车后还带了一个人，这在中国是不允许的。警察和骑车的人对话。
Between a policeman and a bike rider who takes a person at the back of his bike (which is not permitted in China).

4. 把下列句子改成存现句 Change the following sentences into sentences expressing existence, appearance or disappearance

例 Example 有两个人往这边走来了。 → 前边来了两个人。

（1）有两个新同学来我们班了。 → _____

（2）一支铅笔、一个本子放在桌子上。 → _____

（3）两个中国朋友到我们宿舍来了。 → _____

（4）一辆汽车从那边开来了。 → _____

5. 听后复述 Listen and retell

昨天是刘京的生日，我们去他家给他祝贺。他妈妈做的菜很好吃。我们喝酒、吃饭、唱歌、跳舞，高兴极了。大家劝（quàn, to persuade）大卫别喝酒。为什么呢？他是骑摩托车（mótuōchē, motorcycle）去的。他要是喝酒，就太不安全了。

6. 语音练习 Phonetic drills

(1) 常用音节练习 Drills on the frequently used syllables

(2) 朗读会话 Read aloud the conversation

A: Bié jìn qu le.

B: Wèi shénme?

A: Tā yǒudiǎnr bù shūfu, shuì jiào le.

B: Nǐ zhīdào tā shì shénme bìng ma?

A: Gǎnmào.

B: Chī yào le ma?

A: Gāng chī guo.

bǐjiào
比较
COMPARISON

28 今天比昨天冷
IT IS COLDER TODAY THAN IT WAS YESTERDAY

一 句子 Sentences

197 今天比昨天冷。 It's colder today than it was yesterday.
Jīntiān bǐ zuótiān lěng.

198 这儿比东京冷多了。
Zhèr bǐ Dōngjīng lěng duō le.
It's much colder here than in Tokyo.

199 有时候下雨。 It rains sometimes.
Yǒu shíhou xià yǔ.

200 天气预报说，明天有大风。
Tiānqì yùbào shuō, míngtiān yǒu dà fēng.
The weather forecast says that there will be strong winds tomorrow.

201 明天比今天还冷呢。
Míngtiān bǐ jīntiān hái lěng ne.
Tomorrow will be even colder than it is today.

202 你要多穿衣服。 You should put on more clothes.
Nǐ yào duō chuān yīfu.

| 203 | 那儿的天气跟这儿一样吗？
Nàr de tiānqì gēn zhèr yíyàng ma?
Is the weather there the same as it is here? |

| 204 | 气温在零下二十多度。
Qìwēn zài líng xià èrshí duō dù.
The temperature is over 20 degrees below zero. |

二　会话 Conversations

1

刘京: 今天天气真冷。
Liú Jīng: Jīntiān tiānqì zhēn lěng.

和子: 是啊。今天比昨天冷，
Hézǐ: Shì a. Jīntiān bǐ zuótiān lěng,

温度比昨天低五度。
wēndù bǐ zuótiān dī wǔ dù.

刘京: 这儿的天气你习惯了吗？
Liú Jīng: Zhèr de tiānqì nǐ xíguàn le ma?

和子: 还不太习惯呢。这儿比东京冷多了。
Hézǐ: Hái bú tài xíguàn ne. Zhèr bǐ Dōngjīng lěng duō le.

刘京: 你们那儿冬天不太冷吧？
Liú Jīng: Nǐmen nàr dōngtiān bú tài lěng ba?

和子: 是的。
Hézǐ: Shì de.

刘京: 东京常下雪吗？
Liú Jīng: Dōngjīng cháng xià xuě ma?

28 今天比昨天冷 — IT IS COLDER TODAY THAN IT WAS YESTERDAY

和子： 很少下雪。有时候下雨。
Hézǐ: Hěn shǎo xià xuě. Yǒushíhou xià yǔ.

刘京： 天气预报说，明天有大风，比今天还冷呢。
Liú Jīng: Tiānqì yùbào shuō, míngtiān yǒu dà fēng, bǐ jīntiān hái lěng ne.

和子： 是吗？
Hézǐ: Shì ma?

刘京： 你要多穿衣服，别感冒了。
Liú Jīng: Nǐ yào duō chuān yīfu, bié gǎnmào le.

2

玛丽： 张老师，北京的夏天热吗？
Mǎlì: Zhāng lǎoshī, Běijīng de xiàtiān rè ma?

张老师： 很热。你们那儿跟这儿一样吗？
Zhāng lǎoshī: Hěn rè. Nǐmen nàr gēn zhèr yíyàng ma?

玛丽： 不一样，夏天不热，冬天很冷。
Mǎlì: Bù yíyàng, xiàtiān bú rè, dōngtiān hěn lěng.

张老师： 有多冷？
Zhāng lǎoshī: Yǒu duō lěng?

玛丽： 零下二十多度。
Mǎlì: Líng xià èrshí duō dù.

张老师： 真冷啊！
Zhāng lǎoshī: Zhēn lěng a!

玛丽： 可是我喜欢冬天。
Mǎlì: Kěshì wǒ xǐhuan dōngtiān.

张老师： 为什么？
Zhāng lǎoshī: Wèi shénme?

玛丽： 可以滑冰、滑雪。
Mǎlì: Kěyǐ huá bīng、huá xuě.

三 替换与扩展 Substitution and Extension

替换 Substitution

(1) 今天比昨天冷。

这儿	那儿	暖和
这本书	那本书	旧
他	我	瘦

(2) 这儿比东京冷多了。

这儿	那儿	凉快
这个练习	那个练习	难
这条路	那条路	远
这个歌	那个歌	好听

(3) 明天比今天还冷呢。

那儿的东西	这儿	贵
那个颜色	这个	好看
那个孩子	这个	胖

扩展

(1) 欢迎你秋天来北京。那时候天气最好，不冷也不热。
　　Huānyíng nǐ qiūtiān lái Běijīng. Nà shíhou tiānqì zuì hǎo, bù lěng yě bú rè.

(2) 北京的春天常常刮风，不常下雨。
　　Běijīng de chūntiān chángcháng guā fēng, bù cháng xià yǔ.

28 今天比昨天冷 IT IS COLDER TODAY THAN IT WAS YESTERDAY

四 生词 New Words

1	比	bǐ	介	than
2	有时候	yǒu shíhou		sometimes
3	下	xià	动	to rain, to fall
4	雨	yǔ	名	rain
5	预报	yùbào	动/名	to forecast; forecast
6	气温	qìwēn	名	temperature
7	度	dù	量	degree
8	温度	wēndù	名	temperature
9	低	dī	形	low
10	冬天	dōngtiān	名	winter
11	雪	xuě	名	snow
12	夏天	xiàtiān	名	summer
13	滑	huá	动	to skate
14	冰	bīng	名	ice
15	暖和	nuǎnhuo	形	warm
16	旧	jiù	形	old
17	瘦	shòu	形	thin
18	凉快	liángkuai	形	cool
19	胖	pàng	形	fat
20	秋天	qiūtiān	名	autumn
21	春天	chūntiān	名	spring
22	刮	guā	动	to blow

五 语法 Grammar

1. 用"比"表示比较 The use of "比" for comparison

（1）介词"比"可以比较两个事物的性质、特点等。例如：
The preposition "比" may be used to compare the qualities, characteristics, etc. of two things, e.g.

① 他比我忙。　　　　② 他二十岁，我十九岁，他比我大。
③ 今天比昨天暖和。　④ 他唱歌唱得比我好。

（2）要表示大概的差别，可以用"一点儿""一些"表示程度相差不大，或用"多了""得多"表示程度相差很大。例如：
If one wants to give an approximation, he can use "一点儿" or "一些" to state slight differences and "多了" or "得多" to denote big differences, e.g.

⑤ 他比我大一点儿（一些）。　⑥ 那儿比这儿冷多了。
⑦ 这个教室比那个教室大得多。　⑧ 他跳舞跳得比我好得多。

（3）用"比"的句子里不能再用"很""非常""太"等程度副词。例如，不能说"他比我很大""今天比昨天非常暖和"等等。
Adverbs of degree such as "很", "非常" and "太" cannot be used in a sentence with "比" for comparison. For example, it is not possible to say "他比我很大", "今天比昨天非常暖和" and so on.

2. 数量补语 The complement of quantity

在用"比"表示比较的形容词谓语中，如果要表示两个事物的具体差别，就在谓语后边加上数量词作补语。例如：
If one wants to show some specific differences between two things, he can add a quantifier at the end of the adjectival predicate in which "比" is used for comparison, e.g.

① 今天的温度比昨天低五度。　② 他比我大两岁。
③ 他家比我家多两口人。

28 今天比昨天冷 IT IS COLDER TODAY THAN IT WAS YESTERDAY

3. 用"多"表示概数 "多" indicating an approximate number

"多"用在数量词或数词后，表示比前面的数目略多。
"多" used after a quantifier or numeral to indicate a number slightly more than the given number.

（1）以 1~9 结尾的数词及数词 10，"多"用在数量词后表示"不足1"的概数。例如：
"多" added to the numerals ending with 1-9 or the numeral 10 to indicate the approximate numbers less than 1, e.g.

> 两岁多（"多"不足一岁）
> 56块多（"多"不足一块钱）
> 378米多长（"多"不足一米）
> 10个多月（"多"不足一个月）

（2）数词是以 0 结尾的，"多"用在数词后、量词前时，表示略大于前面数的概数（"多"表示1以上，10，100……以下，不够进位的整数）。例如：
"多" used after the numerals ending with 0 and before measure words to indicate an approximate number slightly more than the given number ("多" indicates an integer more than 1 but less than 10, 100…, which cannot be carried to the tens', hundreds' or thousands' place), e.g.

> 20多岁（"多"不足10岁）
> 400多块钱（"多"不足100块钱）
> 580多人（"多"不足10人）
> 10多斤重（"多"不足10斤）

六 练习 Exercises

1. 熟读下列短语并选择几个造句　Read up on the following expressions and make sentences with some of them

| 上楼 | 上飞机 | 上课 | 楼上 | 桌子上 | 上星期 |
| 下楼 | 下飞机 | 下课 | 楼下 | 床下 | 下星期 |

2. 给下面的词语选择适当的位置　Insert the given words into the following sentences at the suitable places

(1) 今天很冷，你要 A 穿 B 衣服。（多）

(2) 你 A 喝 B 点儿酒吧。（少）

(3) 以后我们 A 联系 B。（多）

(4) 老师问你呢，你 A 回答 B！（快）

3. 用"比"改写句子　Rewrite the sentences with "比"

例 Example　我有五本书，他有二十本书。

→ 他的书比我多。/我的书比他少。

(1) 我二十四岁，他二十岁。→ _____

(2) 昨天气温二十七度，今天二十五度。→ _____

(3) 他的毛衣很好看，我的毛衣不好看。→ _____

(4) 小王常常感冒，小刘很少有病。→ _____

4. 完成对话　Complete the following conversation

A：你怎么又感冒了？

B：这儿的春天 _____。（比　冷）

A：_____？

B：二十多度。

A：_____。（比　暖和）

B：这儿早上和晚上冷，中午暖和，_____。

A：时间长了，你就习惯了。

5. 回答问题　Answer the following questions

(1) 今天三十四度，昨天三十度，今天比昨天高几度？

28 今天比昨天冷 IT IS COLDER TODAY THAN IT WAS YESTERDAY

（2）张丽英家有五口人，王兰家只有三口人，张丽英家比王兰家多几口人？

（3）刘京二十三岁，王兰二十二岁，刘京比王兰大多了还是大一点儿？

（4）这个楼有四层，那个楼有十六层，那个楼比这个楼高多少层？

6. 听后复述　Listen and retell

人们都说春天好，春天是一年的开始（kāishǐ, to begin）。要是有一个好的开始，这一年就会很顺利。一天也是一样，早上是一天的开始。要是从早上就注意怎么样生活、学习、工作，这一天就会过得很好。

让我们都爱（ài, to love）春天、爱时间吧！要是不注意，以后会觉得遗憾的。

7. 语音练习　Phonetic drills

（1）常用音节练习　Drills on the frequently used syllables

（2）朗读会话　Read aloud the conversation

A: Jīnnián dōngtiān bù lěng.
B: Shì bǐ qùnián nuǎnhuo.
A: Dōngtiān tài nuǎnhuo bù hǎo.
B: Wèi shénme?
A: Róngyì yǒu bìng.

àihào
爱好
HOBBY

29 我也喜欢游泳
I ALSO LIKE SWIMMING

一 句子 Sentences

205 你喜欢什么运动？ What kind of sports do you like?
Nǐ xǐhuan shénme yùndòng?

206 爬山、滑冰、游泳，我都喜欢。
Pá shān、huá bīng、yóu yǒng, wǒ dōu xǐhuan.
Mountaineering, skating and swimming are all my favourite sports.

207 你游泳游得好不好？ Do you swim well?
Nǐ yóu yǒng yóu de hǎo bu hǎo?

208 我游得不好，没有你游得好。
Wǒ yóu de bù hǎo, méiyǒu nǐ yóu de hǎo.
I can't swim well. I can't swim as well as you can.

209 谁跟谁比赛？ Which teams are playing?
Shéi gēn shéi bǐsài?

210 北京队对广东队。
Běijīng Duì duì Guǎngdōng Duì.
The Beijing Team plays against the Guandong Team.

29 我也喜欢游泳 I ALSO LIKE SWIMMING

211 我在写毛笔字，没画画儿。
Wǒ zài xiě máobǐzì, méi huà huàr.
I am not drawing, but writing with a writing brush.

212 我想休息一会儿。I want to have a rest.
Wǒ xiǎng xiūxi yìhuǐr.

 会话 Conversations

1

刘京： 你喜欢什么运动？
Liú Jīng: Nǐ xǐhuan shénme yùndòng?

大卫： 爬山、滑冰、游泳，我都喜欢，你呢？
Dàwèi: Pá shān、huá bīng、yóu yǒng, wǒ dōu xǐhuan, nǐ ne?

刘京： 我常常踢足球、打篮球，也喜欢
Liú Jīng: Wǒ chángcháng tī zúqiú、dǎ lánqiú, yě xǐhuan

游泳。
yóu yǒng.

大卫： 你游得好不好？
Dàwèi: Nǐ yóu de hǎo bu hǎo?

刘京： 我游得不好，没有你游得好。明天有
Liú Jīng: Wǒ yóu de bù hǎo, méiyǒu nǐ yóu de hǎo. Míngtiān yǒu

足球比赛，你看吗？
zúqiú bǐsài, nǐ kàn ma?

大卫： 谁跟谁比赛？
Dàwèi: Shéi gēn shéi bǐsài?

刘京：北京队对广东队。
Liú Jīng: Běijīng Duì duì Guǎngdōng Duì.

大卫：那一定很有意思。我很想
Dàwèi: Nà yídìng hěn yǒu yìsi. Wǒ hěn xiǎng
看，票一定很难买吧？
kàn, piào yídìng hěn nán mǎi ba?

刘京：现在去买，可能买得到。
Liú Jīng: Xiànzài qù mǎi, kěnéng mǎi de dào.

2

玛丽：你在画画儿吗？
Mǎlì: Nǐ zài huà huàr ma?

大卫：在写毛笔字，没画画儿。
Dàwèi: Zài xiě máobǐzì, méi huà huàr.

玛丽：你写得真不错！
Mǎlì: Nǐ xiě de zhēn búcuò!

大卫：练了两个星期了。我没有和子写得好。
Dàwèi: Liàn le liǎng ge xīngqī le. Wǒ méiyǒu Hézǐ xiě de hǎo.

玛丽：我也很喜欢写毛笔字，可是一点儿也不会。
Mǎlì: Wǒ yě hěn xǐhuan xiě máobǐzì, kěshì yìdiǎnr yě bú huì.

大卫：没关系，你想学，王老师可以教你。
Dàwèi: Méi guānxi, nǐ xiǎng xué, Wáng lǎoshī kěyǐ jiāo nǐ.

玛丽：那太好了！
Mǎlì: Nà tài hǎo le!

大卫：写累了，我想休息一会儿。
Dàwèi: Xiě lèi le, wǒ xiǎng xiūxi yíhuìr.

玛丽：走，出去散散步吧。
Mǎlì: Zǒu, chū qu sànsan bù ba.

三 替换与扩展 Substitution and Extension

替换 Substitution

(1) 你<u>游泳</u> 游得<u>好</u>不<u>好</u>?

跑步	跑	快
打网球	打	好
洗衣服	洗	干净
回答问题	回答	对

(2) <u>票</u>一定很难<u>买</u>吧?

毛笔字	写
广东话	懂
中国画	画
汉语	学

(3) 我想<u>休息</u>一会儿。

| 坐 | 睡 | 站 | 躺 |

扩展 Extension

(1) 放 假 的 时 候，他 常 去 旅 行。
Fàng jià de shíhou, tā cháng qù lǚxíng.

(2) 他 每 天 早 上 打 太 极 拳，晚 饭 后 散 步。
Tā měi tiān zǎoshang dǎ tàijíquán, wǎnfàn hòu sàn bù.

(3) 糟 糕，我 的 钥 匙 丢 了。
Zāogāo, wǒ de yàoshi diū le.

四 生词 New Words

1	运动	yùndòng	名/动	sports; to exercise
2	爬	pá	动	to climb
3	山	shān	名	mountain
4	游泳	yóu yǒng		to swim
5	游	yóu	动	to swim
6	比赛	bǐsài	动/名	to compete; match
7	队	duì	名	team
8	毛笔	máobǐ	名	writing brush
9	踢	tī	动	to kick, to play (soccer)
10	足球	zúqiú	名	soccer, football
11	篮球	lánqiú	名	basketball
12	练	liàn	动	to practise
13	教	jiāo	动	to teach, to instruct
14	散步	sàn bù		to take a walk
15	跑步	pǎo bù		to jog
16	回答	huídá	动	to answer
17	话	huà	名	dialect, speech
18	站	zhàn	动	to stand
19	躺	tǎng	动	to lie
20	放假	fàng jià		to be on vacation
21	旅行	lǚxíng	动	to travel
22	太极拳	tàijíquán	名	*taijiquan*
23	钥匙	yàoshi	名	key
24	丢	diū	动	to lose

29 我也喜欢游泳 I ALSO LIKE SWIMMING

专名 Proper Noun

| 广东 | Guǎngdōng | a province of China |

五 语法 Grammar

1. 用"有"或"没有"表示比较 The use of "有" or "没有" for comparison

动词"有"或其否定式"没有"可用于比较，表示达到或未达到某种程度，这种比较常用于疑问句和否定式。例如：

"有" or its negative form "没有" can be used in a comparison to show the level attained or not yet attained. This kind of comparison is often used in an interrogative sentence and in the negative form, e.g.

① 你有他高吗？

② 那棵（kē, a measure word）树有五层楼那么高。

③ 广州没有北京冷。

④ 我没有你游得好。

2. 用"吧"的疑问句 The interrogative sentence with "吧"

如对某事有了一定的估计，但还不能肯定，就用语气助词"吧"提问。例如：

If one has only a rough knowledge about something but is not yet sure about it, one uses the modal particle "吧" to raise a question, e.g.

① 你最近很忙吧？　② 票一定很难买吧？

③ 你很喜欢打球吧？

3. 时量补语（1） The complement of duration (1)

时量补语用来说明一个动作或一种状态持续多长时间。例如：
A complement of duration is used to indicate the duration of an action or a state, e.g.

① 我练了两个星期了。　② 我们休息了十分钟。
③ 火车开走一刻钟了。　④ 玛丽病了两天，没来上课。

六 练习 Exercises

1. 给下面的词语配上适当的动词，组成动宾短语，并选择几个造句　Match the following words with proper verbs to form verb-object constructions and then make sentences with some of them

足球　飞机　事故　礼物　问题　酒
汽车　电话　网球　生词　饭　　歌

2. 把下面用"比"的句子改成用"没有"的否定句　Change the following sentences with "比" into their negative forms with "没有"

（1）他滑冰比我滑得好。　→ _____
（2）王兰爬山比张老师爬得快。　→ _____
（3）他的手机比我的好。　→ _____
（4）这张照片比那张漂亮。　→ _____

3. 给下面的词语选择适当的位置　Insert the given words into the following sentences at the suitable places

（1）我累极了，A 想 B 休息 C。（一会儿）
（2）他 A 在北京 B 住 C 了 D 了。（十年）

（3）他的宿舍离教室很近，A 走 B 就到了 C。（一刻钟）

（4）他 A 迟到 B 了 C。（十分钟）

4. 完成对话 Complete the following conversations

（1）A：_____？

　　B：我喜欢打篮球，_____？

　　A：我不喜欢打篮球。

　　B：_____？

　　A：我喜欢爬山。

（2）A：_____？

　　B：我不喝酒。

　　A：_____？少喝一点儿没关系。

　　B：我开车，喝酒不安全。

（3）A：你喜欢吃什么饭菜？喜欢不喜欢做饭？

　　B：_____，_____。

（4）A：休息的时候你喜欢做什么？

　　B：_____。

（5）A：你喜欢喝什么？为什么？

　　B：_____。

5. 听后复述 Listen and retell 🔘

　　汉斯（Hànsī, Hans）有很多爱好（àihào, hobby）。他喜欢运动，冬天滑冰，夏天游泳。到中国以后，他还学会了打太极拳。他画的画儿也不错。他房间里的那张画儿就是他自己画的。可是他也有一个不好的"爱好"，那就是抽烟。现在他身体不太好，要是不抽烟，他的身体一定比现在好。

6. 语音练习　Phonetic drills

(1) 常用音节练习　Drills on the frequently used syllables

zuo	zuótiān （昨天）
	zuǒyòu （左右）
	zuò liànxí （做练习）

jia	huí jiā （回家）
	jiǎ huà （假话）
	fàng jià （放假）

(2) 朗读会话　Read aloud the conversation

A: Nǐ xǐhuan shénme?

B: Wǒ xǐhuan dòngwù.

A: Wǒ yě xǐhuan dòngwù.

B: Shì ma? Nǐ xǐhuan shénme dòngwù?

A: Wǒ xǐhuan xiǎo gǒu, nǐ ne?

B: Wǒ xǐhuan dàxióngmāo.

30 请你慢点儿说
PLEASE SPEAK SLOWLY

一 句子 Sentences

213 我的发音还差得远呢。
Wǒ de fāyīn hái chà de yuǎn ne.
My pronunciation is very poor.

214 你学汉语学了多长时间了？
Nǐ xué Hànyǔ xué le duō cháng shíjiān le?
How long have you been learning Chinese?

215 你能看懂中文报吗？
Nǐ néng kàn dǒng Zhōngwén bào ma?
Can you read Chinese newspapers?

216 听和说比较难，看比较容易。
Tīng hé shuō bǐjiào nán, kàn bǐjiào róngyì.
Comparatively speaking, listening and speaking are difficult, while reading is easy.

217 慢点儿说，我听得懂。
Màn diǎnr shuō, wǒ tīng de dǒng.
If you speak slowly, I can understand what you say.

218 你忙什么呢？ What are you busy with?
Nǐ máng shénme ne?

219 我父亲来了，我要陪他去旅行。
Wǒ fùqin lái le, wǒ yào péi tā qù lǚxíng.
My father has come. I am going to travel with him.

220 除了广州、上海以外，我们还要去香港。
Chúle Guǎngzhōu、Shànghǎi yǐwài, wǒmen hái yào qù Xiānggǎng.
We are going to visit Hong Kong as well as Guangzhou and Shanghai.

二 会话 Conversations

1

李红：你汉语说得不错，发音很清楚。
Lǐ Hóng: Nǐ Hànyǔ shuō de búcuò, fāyīn hěn qīngchu.

大卫：哪儿啊，还差得远呢。
Dàwèi: Nǎr a, hái chà de yuǎn ne.

李红：你学汉语学了多长时间了？
Lǐ Hóng: Nǐ xué Hànyǔ xué le duō cháng shíjiān le?

大卫：学了半年了。
Dàwèi: Xué le bàn nián le.

李红：你能看懂中文报吗？
Lǐ Hóng: Nǐ néng kàn dǒng Zhōngwén bào ma?

大卫：不能。
Dàwèi: Bù néng.

李红：你觉得汉语难不难？
Lǐ Hóng: Nǐ juéde Hànyǔ nán bu nán?

30 请你慢点儿说 PLEASE SPEAK SLOWLY

大卫: 听和说比较难，看比较容易，可以查词典。
Dàwèi: Tīng hé shuō bǐjiào nán, kàn bǐjiào róngyì, kěyǐ chá cídiǎn.

李红: 我说的话，你能听懂吗？
Lǐ Hóng: Wǒ shuō de huà, nǐ néng tīng dǒng ma?

大卫: 慢点儿说，我听得懂。
Dàwèi: Màn diǎnr shuō, wǒ tīng de dǒng.

李红: 你应该多跟中国人谈话。
Lǐ Hóng: Nǐ yīnggāi duō gēn Zhōngguó rén tán huà.

大卫: 对，这样可以提高听和说的能力。
Dàwèi: Duì, zhèyàng kěyǐ tígāo tīng hé shuō de nénglì.

2

王兰: 你忙什么呢？
Wáng Lán: Nǐ máng shénme ne?

和子: 我在收拾东西呢。我父亲来了，我要陪他去旅行。
Hézǐ: Wǒ zài shōushi dōngxi ne. Wǒ fùqin lái le, wǒ yào péi tā qù lǚxíng.

王兰: 去哪儿啊？
Wáng Lán: Qù nǎr a?

和子: 除了广州、上海以外，我们还要去香港。我得给他当导游。
Hézǐ: Chúle Guǎngzhōu、Shànghǎi yǐwài, wǒmen hái yào qù Xiānggǎng. Wǒ děi gěi tā dāng dǎoyóu.

王兰: 那你父亲一定很高兴。
Wáng Lán: Nà nǐ fùqin yídìng hěn gāoxìng.

LANGUAGE 89

和子: 麻烦的是广东话、上海话我都听不懂。
Hézǐ: Máfan de shì Guǎngdōng huà、Shànghǎi huà wǒ dōu tīng bu dǒng.

王兰: 没关系,商店、饭店都说普通话。
Wáng Lán: Méi guānxi, shāngdiàn、fàndiàn dōu shuō pǔtōnghuà.

和子: 他们能听懂我说的话吗?
Hézǐ: Tāmen néng tīng dǒng wǒ shuō de huà ma?

王兰: 没问题。
Wáng Lán: Méi wèntí.

和子: 那我就放心了。
Hézǐ: Nà wǒ jiù fàng xīn le.

三 替换与扩展 Substitution and Extension

替换 Substitution

(1) 现在你能<u>看懂</u><u>中文报</u>吗?

下午	布置好	教室
后天	修好	电视
晚上	做完	翻译练习

(2) A: 你<u>学汉语</u><u>学</u>了多长时间了?
B: <u>学</u>了<u>半年</u>了。

看比赛	看	一个小时
翻译句子	翻译	一个半小时
听音乐	听	二十分钟
打字	打	半个小时

(3) 除了<u>广州</u>、<u>上海</u>以外,我们还要<u>去香港</u>。

饺子	包子	吃菜
京剧	话剧	看杂技
洗衣机	电视	买冰箱

30 请你慢点儿说 PLEASE SPEAK SLOWLY

扩展 Extension

（1）汉语的发音不太难，语法也比较容易。
　　 Hànyǔ de fāyīn bú tài nán, yǔfǎ yě bǐjiào róngyì.

（2）我预习了一个小时生词，现在这些生词都
　　 Wǒ yùxí le yí ge xiǎoshí shēngcí, xiànzài zhè xiē shēngcí dōu
　　 记住了。
　　 jì zhù le.

四　生　词　New Words

1	发音	fāyīn	名	pronunciation
2	比较	bǐjiào	副	comparatively
3	父亲	fùqin	名	father
4	除了……以外	chúle……yǐwài		besides, in addition to, as well as
5	清楚	qīngchu	形	clear
6	查	chá	动	to check, to look up
7	谈	tán	动	to talk, to speak
8	提高	tígāo	动	to raise, to improve
9	能力	nénglì	名	ability
10	收拾	shōushi	动	to clean, to tidy up
11	当	dāng	动	to serve as
12	导游	dǎoyóu	名	tourist guide
13	普通话	pǔtōnghuà	名	common speech
14	放心	fàng xīn		to set one's mind at rest, to feel relieved

LANGUAGE 91

15	后天	hòutiān	名	the day after tomorrow
16	小时	xiǎoshí	名	hour
17	打字	dǎ zì		to type
18	包子	bāozi	名	steamed stuffed bun
19	洗衣机	xǐyījī	名	washing machine
20	冰箱	bīngxiāng	名	refrigerator
21	语法	yǔfǎ	名	grammar
22	预习	yùxí	动	to rehearse, to preview
23	记	jì	动	to learn by heart

专名 Proper Nouns

| 1 | 广州 | Guǎngzhōu | Guangzhou (*name of a city*) |
| 2 | 香港 | Xiānggǎng | Hong Kong |

五 语法 Grammar

1. 时量补语（2） The complement of duration (2)

（1）动词后有时量补语又有宾语时，一般要重复动词，时量补语在第二个动词之后。例如：
When a verb is followed by both a complement of duration and an object, the verb is usually repeated. Moreover, the complement of duration has to be placed after the second occurrence of the verb, e.g.

① 他昨天等你等了一个小时。
② 他们开会开了半个小时。
③ 他念生词念了一刻钟。
④ 他学英语学了两年了。

（2）如果宾语是人称代词，宾语一般放在时量补语的前边。如果宾语不是人称代词，宾语放在时量补语的后边，宾语和时量补语之间也可以加"的"。例如：

If the object is a personal pronoun, it is generally put before the complement of duration. If the object is not a personal pronoun, it is generally put after the complement of duration. "的" may also be inserted between the object and the complement of duration, e.g.

⑤ 他昨天等了你一个小时。　⑥ 他们开了半个小时（的）会。

⑦ 他念了一刻钟（的）生词。　⑧ 他学了两年（的）英语。

（3）如果宾语较复杂或需要强调，也常把宾语提前。例如：

The object may also be moved to the head of the sentence if it is rather complex or needs giving prominence, e.g.

⑨ 那件漂亮的毛衣他试了半天。

⑩ 那本小说他看了两个星期。

2. "除了……以外"　besides, except

（1）表示在什么之外，还有别的。后边常有"还""也"等呼应。例如：

It means "there is something else" and is often followed by "还", "也", etc., e.g.

① 和子和她父亲除了去上海以外，还去广州、香港。

② 除了小王以外，小张、小李也会说英语。

（2）表示所说的人或事不包括在内。后边常有"都"呼应。例如：

It expresses the exclusion of the aforementioned person or thing and is often followed by "都", e.g.

③ 这件事除了老张以外，我们都不知道。

④ 除了大卫以外，我们都去过长城了。

六 练习 Exercises

1. 熟读下列短语并选择几个造句 Read up on the following expressions and make sentences with some of them

参观了三小时	比赛了一（个）下午
修了一会儿	疼了一天
翻译了两天	旅行了一个星期
想了几分钟	收拾了半个小时

2. 用所给词语造句 Make sentences with the given words or expressions

例 Example　开会　一个半小时 → 我们开会开了一个半小时。

（1）听音乐　二十分钟 → _____

（2）跳舞　半个小时 → _____

（3）坐火车　七个小时 → _____

（4）找钥匙　好几分钟 → _____

3. 仿照例子改写句子 Rewrite the sentences by following the model

例 Example　我喜欢小狗，还喜欢大熊猫。

　　→ 除了小狗以外，我还喜欢大熊猫。

（1）我每天都散步，还打太极拳。

　　→ _____

（2）他会说英语，还会说汉语。

　　→ _____

（3）在北京，他去过长城，没去过别的地方。

　　→ _____

（4）我们班大卫会划船，别的人不会划船。

　　→ _____

4. **按照实际情况回答问题** Answer the following questions according to the actual situations

　　（1）你什么时候来北京的？来北京多长时间了？

　　（2）来中国以前你学过汉语吗？学了多长时间？

　　（3）每星期你们上几天课？

　　（4）你每天运动吗？做什么运动？运动多长时间？

　　（5）每天你几点睡觉？几点起床？大概睡多长时间？

5. **完成对话** Complete the following conversation

　　A：昨天的电影你看了吗？

　　B：_____。

　　A：_____？

　　B：听不懂，说得太快。

　　A：我也是。_____。（要是……　能）

　　B：我们还要多练习听和说。

6. **听后复述** Listen and retell

　　有一个小孩儿学认（rèn, to recognize）字。老师在他的本子上写了一个"人"字，他学会了。第二天，老师见到他，在地上写了个"人"字，写得很大，他不认识了。老师说："这不是'人'字吗？你怎么忘了？"他说："这个人比昨天那个人大多了，我不认识他。"

7. 语音练习 Phonetic drills

(1) 常用音节练习 Drills on the frequently used syllables

(2) 朗读会话 Read aloud the conversation

A: "Nā ná nǎ nà".

B: Nǐ liànxí fāyīn ne?

A: Shì a, wǒ juéde fāyīn yǒudiǎnr nán.

B: Nǐ fāyīn hěn qīngchu.

A: Hái chà de yuǎn ne.

B: Yàoshi nǐ měi tiān liànxí, jiù néng xué de hěn hǎo.

复习（六）
REVIEW (VI)

一 会 话 Conversations

1

〔阿里（Ālǐ, name of a person）、小王和小李都很喜欢旅行，他们约好今天去天津（Tiānjīn, name of a city）玩儿。现在阿里和小王在火车站等小李〕

阿里：小李怎么还不来？

小王：他是不是忘了？

阿里：不会的。昨天我给他打电话，说得很清楚，告诉他十点五十开车，今天我们在这儿等他。

小王：可能病了吧？

阿里：也可能有什么事，不能来了。

小王：火车马上开了，我们也不去了，回家吧。

阿里：去看看小李，问问他怎么回事（zěnme huí shì, what has happened）。

2

〔小李正在宿舍睡觉，阿里和小王进来〕

阿里：小李，醒（xǐng, to wake up）醒。

小王：我说得不错吧，他真病了。

小李：谁病了？我没病。

阿里：那你怎么没去火车站呀（ya, a modal particle）？

小李：怎么没去呀？今天早上四点我就起床了，到火车站的时候才四点半。等了你们半天，你们也不来，我就回来了。我又累又困（kùn, sleepy），就睡了。

小王：我们的票是十点五十的，你那么早去做什么？

小李：什么？十点五十？阿里电话里说四点五十。

小王：我知道了，阿里说"十"和"四"差不多（chàbuduō, about the same）。

小李：啊！我听错（cuò, wrong）了。

阿里：真对不起，我发音不好，让你白跑一趟（bái pǎo yí tàng, to make a fruitless trip）。

小李：没什么，我们都白跑了一趟。

二 语法 Grammar

几种表示比较的方法 Some ways of expressing comparison

1. 用副词"更""最"表示比较 By using the adverbs "更" and "最"

   ① 他汉语说得很好，他哥哥说得更好。

   ② 这次考试他的成绩最好。

2. 用"有"表示比较 By using "有"

   ① 你弟弟有你这么高吗？

   ② 这种苹果没有那种好吃。

   ③ 我没有他唱得好。/我唱得没有他好。/我唱歌唱得没有他好。

3. 用"跟……一样"表示比较　By using "跟……一样"

① 今天的天气跟昨天一样。

② 我买的毛衣跟你的一样贵。

以上三种方法都能表示异同或差别，但不能表示具体的差别。

The three above-mentioned ways can all be used to show similarities and differences, but not specific differences.

4. 用"比"表示比较　By using "比"

① 今天比昨天热。

② 我的自行车比他的新一点儿。

③ 他买的词典比我买的便宜两块钱。

④ 他打篮球比我打得好得多。/他打篮球打得比我好得多。

用"比"来进行比较，不仅能指出有差别，而且还能表示出有多大差别。

Comparison by using "比" can indicate not only a difference between two persons or things, but also the extent to which they differ.

三　练习　Exercises

1. 按照实际情况回答问题　Answer the following questions according to the actual situations

（1）你有什么爱好？你最喜欢做什么？

（2）你学过什么外语？你觉得难不难？

（3）你在中国旅行过吗？除了普通话以外，哪儿的话容易懂？哪儿的话不容易懂？

（4）你们国家的天气跟中国一样不一样？你习惯不习惯？

（5）一年中你喜欢春天、夏天，还是喜欢秋天、冬天？为什么？

2. 会话　Make dialogues

（1）祝贺、祝愿（生日、结婚、节日、毕业）　Congratulation and wish (birthday, marriage, festival, graduation)

> 祝你……好（愉快、幸福）！　　　谢谢！
> 祝贺你（了）！　　　　　　　　谢谢你！
> 我们给你祝贺生日来了！　　　　谢谢大家！
> 祝你学习（工作）顺利！　　　　多谢朋友们！

（2）劝告（别喝酒、别急、别不好意思）　Persuasion (don't drink, don't worry, don't be shy)

> 你开车，别喝酒。　　　别急，你的病会好的。
> 他刚睡，别说话。　　　学汉语要多说，别不好意思。

（3）爱好（运动、音乐、美术……）　Hobbies (sports, music, arts...)

> 你喜欢什么？
> 你喜欢做什么？
> 你最喜欢什么？

3. 完成对话　Complete the following conversation

A：你学了多长时间汉语了？

B：_____。

A：你觉得听和说哪个难？

B：_____。

A：写呢？

B：_____。

A：现在你能看懂中文报吗？

B：_____。

4. 语音练习 Phonetic drills

（1）声调练习：第三声+第四声　Drills on tones: 3rd tone + 4th tone

kǒushì　（口试）

wǒ qù kǒushì　（我去口试）

wǔ hào wǒ qù kǒushì　（五号我去口试）

（2）朗读会话　Read aloud the conversation

A: Nǐ zhīdào ma? Shànghǎi huà li bù shuō "wǒmen", shuō "ālā".

B: Ò, yǒu yìsi, hé pǔtōnghuà zhēn bù yíyàng.

A: Hěn duō fāngyán wǒ yě tīng bu dǒng.

B: Suǒyǐ dōu yào xué pǔtōnghuà, shì ba?

A: Nǐ shuō de hěn duì.

四　阅读短文　Reading Passage

小张吃了晚饭回到宿舍，刚要打开电视机，就听见楼下有人叫他。他打开窗户往下看，是小刘。

小刘给他一张电影票，让他星期天八点一起去看电影。说好在电影院门口见面。

星期天到了。小张先去看了一位朋友，下午去商店买了一些东西。七点四十到电影院。他没看见小刘，就在门口等。

差五分八点，电影就要开始了，可是小刘还没来。小张想，小刘可能有事不来了，就一个人进电影院去了。电影院的人对小张说："八点没有电影，是不是你弄错（nòng cuò, to make a mistake）了？"小张一看电影票，那上面写的是上午八点。小张想，我太马虎了，要是看看票，或者（huòzhě, or）问问小刘就好了。

lǚyóu 旅游（1） TRAVELLING

31 那儿的风景美极了
THE SCENERY IS VERY BEAUTIFUL THERE

一 句子 Sentences

221
中国的名胜古迹多得很。
Zhōngguó de míngshèng gǔjì duō de hěn.
There are a great many scenic spots and historical sites in China.

222
你说吧，我听你的。①
Nǐ shuō ba, wǒ tīng nǐ de.
Please go ahead. I'll leave it to you to decide what we shall do (or where we shall go).

223
从北京到桂林坐火车要坐多长时间？
Cóng Běijīng dào Guìlín zuò huǒchē yào zuò duō cháng shíjiān?
How long will it take to go from Beijing to Guilin by train?

224
七点有电影，现在去来得及来不及？
Qī diǎn yǒu diànyǐng, xiànzài qù lái de jí lái bu jí?
There'll be a film at 7 o'clock. Can we get there in time if we start right now?

225
我们看电影去。 Let's go and see a film.
Wǒmen kàn diànyǐng qu.

31 那儿的风景美极了 THE SCENERY IS VERY BEAUTIFUL THERE

226 上海的东西比这儿多得多。
Shànghǎi de dōngxi bǐ zhèr duō de duō.
There are much more commodities in Shanghai than (in) here.

227 我想买些礼物寄回家去。
Wǒ xiǎng mǎi xiē lǐwù jì huí jiā qu.
I want to buy some presents to mail back home.

228 你不是要去豫园游览吗?
Nǐ bú shì yào qù Yù Yuán yóulǎn ma?
You want to visit the Yuyuan Park, don't you?

二 会话 Conversations

1

大卫: 快放假了,你想不想去旅行?
Dàwèi: Kuài fàng jià le, nǐ xiǎng bu xiǎng qù lǚxíng?

玛丽: 当然想。
Mǎlì: Dāngrán xiǎng.

大卫: 中国的名胜古迹多
Dàwèi: Zhōngguó de míngshèng gǔjì duō

得很,去哪儿呢?
de hěn, qù nǎr ne?

玛丽: 你说吧,我听你的。
Mǎlì: Nǐ shuō ba, wǒ tīng nǐ de.

大卫: 先去桂林吧,那儿的风景美极了!
Dàwèi: Xiān qù Guìlín ba, nàr de fēngjǐng měi jí le!

玛丽：从北京到桂林坐火车要坐多长时间？
Mǎlì: Cóng Běijīng dào Guìlín zuò huǒchē yào zuò duō cháng shíjiān?

大卫：坐高铁大概得十多个小时。我们在桂林
Dàwèi: Zuò gāotiě dàgài děi shí duō ge xiǎoshí. Wǒmen zài Guìlín
玩儿三四天，然后去上海。
wánr sān sì tiān, ránhòu qù Shànghǎi.

玛丽：这个计划不错，就这么办吧。七点有
Mǎlì: Zhè ge jìhuà búcuò, jiù zhème bàn ba. Qī diǎn yǒu
电影，现在去来得及来不及？
diànyǐng, xiànzài qù lái de jí lái bu jí?

大卫：来得及。
Dàwèi: Lái de jí.

玛丽：我们看电影去吧。
Mǎlì: Wǒmen kàn diànyǐng qu ba.

大卫：走吧。
Dàwèi: Zǒu ba.

2

和子：上海是中国最大的城市。
Hézǐ: Shànghǎi shì Zhōngguó zuì dà de chéngshì.

王兰：对，上海的东西比这儿多得多。
Wáng Lán: Duì, Shànghǎi de dōngxi bǐ zhèr duō de duō.

和子：去上海的时候，我想买些礼物寄回家
Hézǐ: Qù Shànghǎi de shíhou, wǒ xiǎng mǎi xiē lǐwù jì huí jiā
去。你觉得上海哪儿最热闹？
qu. Nǐ juéde Shànghǎi nǎr zuì rènao?

王兰：南京路。那儿有各种各样的商店，买
Wáng Lán: Nánjīng Lù. Nàr yǒu gè zhǒng gè yàng de shāngdiàn, mǎi

31 那儿的风景美极了 THE SCENERY IS VERY BEAUTIFUL THERE

东西非常方便。
dōngxi fēicháng fāngbiàn.

和子: 听说上海的小吃也很有名。
Hézǐ: Tīngshuō Shànghǎi de xiǎochī yě hěn yǒumíng.

王兰: 你不是要去豫园游览吗？顺便可以尝尝
Wáng Lán: Nǐ bú shì yào qù Yù Yuán yóulǎn ma? Shùnbiàn kěyǐ chángchang

那儿的小吃。对了②，你还可以去参观
nàr de xiǎochī. Duì le, nǐ hái kěyǐ qù cānguān

一下儿浦东开发区。
yíxiàr Pǔdōng Kāifāqū.

注释 Notes

① 你说吧，我听你的。 Please go ahead. I'll leave it to you to decide what we shall do (or where we shall go).

这句话的意思是"你说你的意见吧，我按你说的去做"。当无条件地同意对方的意见时，就可以这样说。
This sentence means "Speak your mind, and I shall do whatever you tell me to" and is used when you are prepared to agree to whatever your hearer is going to say.

② 对了 Oh, yes...

在口语中，当说话人忽然想起应该做某事或要补充说明某事时，就说"对了"。
In everyday conversation, when a speaker suddenly thinks of something he should do or add he says "对了".

三 替换与扩展 Substitution and Extension

替换 Substitution

(1) 我们看电影去。

开会	参观博物馆
逛商场	看京剧
吃小吃	办信用卡

(2) 坐火车要坐多长时间？

| 坐船 | 坐飞机 |
| 骑车 | 坐动车 |

(3) 我想买些礼物寄回家去。

菜	送
药	寄
水果	带
小吃	拿

扩展 Extension

A：我 的 圆珠笔 找 不 到 了。
　　Wǒ de yuánzhūbǐ zhǎo bu dào le.

B：那 不 是 你 的 圆珠笔 吗？
　　Nà bú shì nǐ de yuánzhūbǐ ma?

A：啊， 找 到 了。
　　À, zhǎo dào le.

四 生词 New Words

1	名胜古迹	míngshèng gǔjì		scenic spots and historical sites
2	来得及	lái de jí		to be able to do something in time
3	来不及	lái bu jí		too late to do..., to have no time to...
4	游览	yóulǎn	动	to go sight-seeing
5	风景	fēngjǐng	名	scenery
6	高铁	gāotiě	名	high-speed rail

31 那儿的风景美极了   THE SCENERY IS VERY BEAUTIFUL THERE

7	然后	ránhòu	连	then
8	计划	jìhuà	名/动	plan; to plan
9	办	bàn	动	to do, to make
10	城市	chéngshì	名	city
11	热闹	rènao	形	bustling with excitement, lively
12	各	gè	代	every, each
13	非常	fēicháng	副	very, most
14	小吃	xiǎochī	名	refreshments
15	有名	yǒumíng	形	famous, well-known
16	顺便	shùnbiàn	副	by the way, at one's convenience
17	开发	kāifā	动	to develop
18	区	qū	名	zone, district
19	博物馆	bówùguǎn	名	museum
20	信用卡	xìnyòngkǎ	名	credit card
21	动车	dòngchē	名	high-speed train
22	水果	shuǐguǒ	名	fruit
23	圆珠笔	yuánzhūbǐ	名	ball-pen

专名 Proper Nouns

1	桂林	Guìlín	Guilin (name of a city)
2	豫园	Yù Yuán	the Yuyuan park
3	南京路	Nánjīng Lù	Nanjing Road
4	浦东	Pǔdōng	Pudong (name of a development zone in Shanghai)

五 语法 Grammar

1. 趋向补语（3） The complement of direction (3)

（1）动词"上""下""进""出""回""过""起"等后面加上"来"或"去"（没有"起去"），可作其他动词的补语，表示动作的方向。这种趋向补语叫复合趋向补语。例如：

When the verb "上", "下", "进", "出", "回", "过" or "起" takes "来" or "去" after it ("起去" is not acceptable), it may serve as the complement of another verb to express the direction of the action. Such a complement of direction is called the compound complement of direction, e.g.

① 他从教室走出来了。

② 他想买些东西寄回去。

③ 看见老师进来，同学们都站了起来。

（2）复合趋向补语中的"来""去"所表示的方向与说话人（或所谈论的事物）之间的关系与简单趋向补语相同，表示处所的宾语的位置也与简单趋向补语相同。例如：

The direction of motion indicated by "来" or "去" in such a complement with relation to the speaker (or something in question) and the position of the object of locality are similar to those of a simple complement of direction, e.g.

④ 上课了，老师走进教室来了。

⑤ 那些书都寄回国去了。

2. 用"不是……吗"的反问句 The rhetoric question with "不是……吗"

"不是……吗"构成的反问句用来表示肯定，并有强调的意思。例如：

The rhetoric question with "不是……吗" is used to express affirmation and achieve emphasis, e.g.

① 你不是要去旅行吗？（你要去旅行）

② 这个房间不是很干净吗？（这个房间很干净）

31 那儿的风景美极了　THE SCENERY IS VERY BEAUTIFUL THERE

六　练习 Exercises

1. 选择适当的动词组成动宾结构并造句　Choose appropriate verbs to form verb-object constructions and make sentences

例 Example　字　　　A. 写　　B. 画　→ 那个孩子正在写字。

（1）名胜古迹　A. 游览　B. 旅行　→ _____
（2）风景　　　A. 参观　B. 看　　→ _____
（3）信用卡　　A. 做　　B. 办　　→ _____
（4）能力　　　A. 提高　B. 练好　→ _____
（5）电影　　　A. 演　　B. 开　　→ _____
（6）自行车　　A. 坐　　B. 骑　　→ _____

2. 根据图片，用动词及趋向补语完成句子　Complete the following sentences with the verbs given in brackets and complements of direction according to the pictures

（1）注意，前边 _____ 一辆汽车。（开）

（2）楼下有人找你，你快 _____ 吧。（下）

（3）下课了，我们的老师 _____ 了。（走）

（4）山上的风景很好，你们快 _____ 吧。（爬）

3. 仿照例子，把下面的句子改成疑问句　Change the following sentences into questions by following the model

例 Example　昨天我们跳舞跳了两个小时。

→ 昨天你们跳舞跳了几个小时？

昨天你们跳舞跳了多长时间？

（1）我来北京的时候，坐飞机坐了十二个小时。

→ _____

（2）昨天我爬山爬了三个小时。→ _____

（3）今天早上我吃饭吃了一刻钟。→ _____

（4）从这儿到北海，骑车要骑一个多小时。

→ _____

（5）昨天我们划船划了两个小时。→ _____

4. 说话　Say what you can

介绍一处你游览过的名胜古迹。
Talk about one of the scenic spots or historical sites you've visited.

31 那儿的风景美极了 THE SCENERY IS VERY BEAUTIFUL THERE

提示 风景怎么样？有什么有名的东西？你最喜欢什么？游览了多长时间？
Suggested points What about the scenery? What is it famous for? What do you like best? How long did you stay here?

5. 听后复述 Listen and retell

我喜欢旅行。旅行可以游览名胜古迹，旅行还是一种学习汉语的好方法（fāngfǎ, method）。在学校，我习惯听老师说话，换一个人就不习惯了。可是旅行的时候要跟各种各样的人说话，要问路，要参观，要买东西……这是学习汉语的好机会（jīhuì, opportunity）。放假的时候我就去旅行，提高我的听说能力。

6. 语音练习 Phonetic drills

(1) 常用音节练习 Drills on the frequently used syllables

shuo — shuō huà （说话）
      — xiǎoshuō （小说）
      — fēngshuò （丰硕）

qu — qǔdé （取得）
   — qùnián （去年）
   — chū qu （出去）

(2) 朗读会话 Read aloud the conversation

A: Fàng jià yǐhòu nǐ jìhuà zuò shénme?
B: Wǒ xiǎng qù lǚxíng.
A: Nǐ qù nǎr?
B: Qù Dōngběi.
A: Xiànzài Dōngběi duō lěng a!
B: Lěng hǎo a, kěyǐ kàn bīngdēng (ice lantern).

lǚyóu
旅游（2）
TRAVELLING

32 买到票了没有
HAVE YOU GOT THE TICKET

一 句子 Sentences

229 你看见和子了吗？ Have you seen Kazuko?
Nǐ kànjiàn Hézǐ le ma?

230 你进大厅去找她吧。
Nǐ jìn dàtīng qu zhǎo tā ba.
You'd better go and look for her in the hall.

231 三天以内的机票都没有了。
Sān tiān yǐnèi de jīpiào dōu méi yǒu le.
The air tickets for the recent three days are all sold out.

232 您应该早点儿预订飞机票。
Nín yīnggāi zǎo diǎnr yùdìng fēijī piào.
You should book your airplane ticket as early as possible.

233 我有急事，您帮帮忙吧！
Wǒ yǒu jí shì, nín bāngbang máng ba!
I am sorry to bother you, but I have something urgent.

234 有一张十五号晚上八点的退票。
Yǒu yì zhāng shíwǔ hào wǎnshang bā diǎn de tuì piào.
There is a returned ticket for 8:00 PM of the 15th.

32 买到票了没有 HAVE YOU GOT THE TICKET

235 机票上写着十四点零五分起飞。
Jīpiào shang xiě zhe shísì diǎn líng wǔ fēn qǐfēi.
The airplane ticket says that the plane leaves at 14:05.

236 小姐，你的钱包忘在这儿了。
Xiǎojiě, nǐ de qiánbāo wàng zài zhèr le.
You've left you purse here, miss.

二 会话 Conversations

1

刘京：你看见和子了吗？
Liú Jīng: Nǐ kàn jiàn Hézǐ le ma?

玛丽：没看见。你进大厅去找她吧。
Mǎlì: Méi kàn jiàn. Nǐ jìn dàtīng qu zhǎo tā ba.

2

刘京：和子，买到票了没有？
Liú Jīng: Hézǐ, mǎi dào piào le méiyǒu?

和子：还没有呢。
Hézǐ: Hái méiyǒu ne.

刘京：快到南边六号窗口去买。
Liú Jīng: Kuài dào nánbian liù hào chuāngkǒu qù mǎi.

……

和子：买两张去广州的直达车票。
Hézǐ: Mǎi liǎng zhāng qù Guǎngzhōu de zhídáchē piào.

TRAVELLING

售票员：要哪天的？
Shòupiàoyuán: Yào nǎ tiān de?

和子：明天的有没有？
Hézǐ: Míngtiān de yǒu méi yǒu?

售票员：卖完了。有后天的，要不要？
Shòupiàoyuán: Mài wán le. Yǒu hòutiān de, yào bu yào?

和子：要。我想早上到，买哪次好？
Hézǐ: Yào. Wǒ xiǎng zǎoshang dào, mǎi nǎ cì hǎo?

售票员：买 Z35 次吧。要硬卧
Shòupiàoyuán: Mǎi Z sānshíwǔ cì ba. Yào yìngwò

还是软卧？
háishi ruǎnwò?

和子：硬卧。
Hézǐ: Yìngwò.

3

尼娜：到北京的飞机票有吗？
Nínà: Dào Běijīng de fēijī piào yǒu ma?

售票员：三天以内的都没有了。你应该早
Shòupiàoyuán: Sān tiān yǐnèi de dōu méi yǒu le. Nǐ yīnggāi zǎo

点儿预订。
diǎnr yùdìng.

尼娜：我有急事，帮帮忙吧！
Nínà: Wǒ yǒu jí shì, bāngbang máng ba!

售票员：你等等，我再查查。真巧，有一张
Shòupiàoyuán: Nǐ děngdeng, wǒ zài chácha. Zhēn qiǎo, yǒu yì zhāng

十五号晚上八点的退票。
shíwǔ hào wǎnshang bā diǎn de tuì piào.

32 买到票了没有 HAVE YOU GOT THE TICKET

尼娜： 我要了。这是我的护照。请问，从这儿到北京要多长时间？
Nínà: Wǒ yào le. Zhè shì wǒ de hùzhào. Qǐngwèn, cóng zhèr dào Běijīng yào duō cháng shíjiān?

售票员： 一个多小时。
Shòupiàoyuán: Yí ge duō xiǎoshí.

尼娜： 几点起飞？
Nínà: Jǐ diǎn qǐfēi?

售票员： 你看，机票上写着十四点零五分起飞。
Shòupiàoyuán: Nǐ kàn, jīpiào shang xiě zhe shísì diǎn líng wǔ fēn qǐfēi.

4

售票员： 小姐，你的钱包忘在这儿了。
Shòupiàoyuán: Xiǎojiě, nǐ de qiánbāo wàng zài zhèr le.

尼娜： 太谢谢你了！
Nínà: Tài xièxie nǐ le!

三 替换与扩展 Substitution and Extension

替换 Substitution

（1）你买到 票了没有？

| 找到 | 钱包 | 看到 | 广告 |
| 检查完 | 身体 | 办好 | 签证 |

TRAVELLING

汉语会话 301 句 下册

(2) 你的钱包 忘在这儿了。

他	行李	放
她	衣服	挂
王先生	汽车	停

(3) 你进 大厅去找她吧。

| 进 | 图书馆 | 回 | 宿舍 |
| 到 | 她家 | 进 | 礼堂 |

扩展 Extension

(1) A：我的汉语书忘在宿舍里了，怎么办？
　　　Wǒ de Hànyǔ shū wàng zài sùshè li le, zěnme bàn?

　　B：现在马上回宿舍去拿，来得及。
　　　Xiànzài mǎshàng huí sùshè qu ná, lái de jí.

(2) 大家讨论一下儿，哪个办法好。
　　Dàjiā tǎolùn yíxiàr, nǎ ge bànfǎ hǎo.

四 生词 New Words

1	大厅	dàtīng	名	hall
2	以内	yǐnèi	名	within, under
3	预订	yùdìng	动	to book, to reserve
4	帮忙	bāng máng		to help
5	退	tuì	动	to return
6	着	zhe	助	aspect particle indicating the continuation of a state
7	钱包	qiánbāo	名	purse, wallet

32 买到票了没有 HAVE YOU GOT THE TICKET

8	窗口	chuāngkǒu	名	window
9	直达车	zhídáchē	名	through train
10	卖	mài	动	to sell
11	硬卧	yìngwò	名	hard sleeper
12	软卧	ruǎnwò	名	soft sleeper
13	护照	hùzhào	名	passport
14	广告	guǎnggào	名	advertisement
15	检查	jiǎnchá	动	to check
16	签证	qiānzhèng	名	visa
17	行李	xíngli	名	luggage
18	挂	guà	动	to hang
19	停	tíng	动	to stop
20	图书馆	túshūguǎn	名	library
21	礼堂	lǐtáng	名	auditorium
22	讨论	tǎolùn	动	to discuss
23	办法	bànfǎ	名	method

五 语法 Grammar

1. "见"作结果补语 "见" as a complement of result

"见"常在"看"或"听"之后作结果补语。"看见"的意思是"看到","听见"的意思是"听到"。

"见" is often used after "看" (to look) or "听" (to listen) as a complement of result. "看见" means "to see" while "听见" means "to hear".

2. 动作的持续 The duration of an action

（1）动态助词"着"加在动词后边，表示动作、状态的持续。否定形式是"没（有）……着"。例如：

The aspect particle "着" is put after the verb to denote the duration of an action or a state. Its negative form is "没（有）……着", e.g.

① 窗户开着，门没开着。　② 衣柜里挂着很多衣服。
③ 书上边没写着你的名字。　④ 他没拿着东西。

（2）它的正反疑问句形式用"……着……没有"表示。例如：

In an affirmative-negative question, it takes the form of "……着……没有", e.g.

⑤ 门开着没有？　⑥ 你带着护照没有？

六 练习 Exercises

1. 根据情况，用趋向补语和下边的词语造句 Make sentences with complements of direction and the following words according to the given situations

例 Example　进　候机室（说话人在外边）→ 刚才他进候机室去了。

（1）上　山（说话人在山下）→
（2）进　教室（说话人在教室）→
（3）进　公园（说话人在公园外）→
（4）下　楼（说话人在楼下）→
（5）回　家（说话人在外边）→

2. 用动词加"着"填空 Fill in the blanks using verbs plus "着"

（1）衣服在衣柜里＿＿＿＿＿＿＿呢。
（2）你找钱包？不是在你手里＿＿＿＿＿＿＿吗？

32 买到票了没有 HAVE YOU GOT THE TICKET

(3) 我的自行车钥匙在桌子上_____，你去拿吧。

(4) 九号楼前边_____很多自行车。

(5) 我的书上_____我的名字呢，能找到。

(6) 参观的时候你_____他去，他不认识那儿。

3. 看图说话（用上动词加"着"） Talk about the following picture (using verbs plus "着")

4. 用"从……到……"回答问题 Answer the following questions with "从……到……"

(1) 每星期你什么时候上课？

(2) 你每天从几点到几点上课？

(3) 从你们国家到北京远不远？

5. 完成对话 Complete the following conversation

A：可以预订火车票吗？

B：_____。您去哪儿？

A：_____。

B：_____？

A：我要一张四月十号的直达车票。

B：＿＿＿＿＿＿＿＿＿＿＿＿＿＿＿＿？

A：要软卧。

6. 根据下面的火车时刻表买票　Buy tickets by referring to the following train schedule

车次/类型	发站/到站	发/到时间	运行时间
Z19 直达特快	始 北京西 终 西安	20:41 08:15	11小时34分
Z43 直达特快	始 北京西 终 西安	19:58 08:33	12小时35分
T231 空调特快	始 北京西 终 西安	18:50 07:42	12小时52分
Z75 直达特快	始 北京西 西安	16:03 03:29	11小时26分
Z151 直达特快	始 北京西 西安	15:57 03:23	11小时26分
K1363 快速	始 北京西 西安	22:16 12:42	14小时26分
K629 快速	始 北京西 西安	18:22 11:05	16小时43分
T55 空调特快	北京西 西安	15:18 05:13	13小时55分
G87 高速动车	始 北京西 终 西安	14:00 18:25	4小时25分
G669 高速动车	始 北京西 终 西安	17:37 22:52	5小时15分

（1）买两张三天后晚上从北京出发（chūfā, to set out）、早上到西安的火车硬卧车票。

（2）买三张五天后下午从北京出发、晚上到西安的火车票。

7. 听后复述 Listen and retell

张三和李四去火车站。进去以后,离开车只(zhǐ, only)有五分钟了。他们赶紧(gǎnjǐn, without haste)快跑。张三跑得快,先上了火车。他看见李四还在车外边,急了,就要下车。服务员说:"先生,不能下车,车就要开了,来不及了。"张三说:"不行,要走的是他,我是来送他的。"

8. 语音练习 Phonetic drills

(1) 常用音节练习 Drills on the frequently used syllables

(2) 朗读会话 Read aloud the conversation

A: Huǒchē shang yǒudiǎnr rè.

B: Kāi chē yǐhòu jiù liángkuai le.

A: Zhè xiē dōngxi fàng zài nǎr?

B: Fàng zài shàngbian de xínglijià (luggage rack) shang.

A: Zhēn gāo a!

B: Wǒ bāng nǐ fàng.

A: Máfan nǐ le.

B: Bú kèqi.

lǚyóu
旅游（3）
TRAVELLING

33 我们预订了两个房间
WE BOOKED TWO ROOMS

一 句 子 Sentences

237 终于到桂林了。 We've got to Guilin at last.
Zhōngyú dào Guìlín le.

238 哎呀，热死了！① Oh, my God! I am really hot.
Āiyā, rè sǐ le!

239 一定要痛痛快快地洗个澡。
Yídìng yào tòngtòngkuàikuài de xǐ ge zǎo.
I must take a good shower.

240 只要能让我早一点儿洗澡就行。
Zhǐyào néng ràng wǒ zǎo yìdiǎnr xǐ zǎo jiù xíng.
Just let me take the shower a little bit earlier.

241 我们在网上预订了两个房间。
Wǒmen zài wǎng shang yùdìng le liǎng ge fángjiān.
We've booked two rooms online.

242 请输入密码。请在这里签名。
Qǐng shūrù mìmǎ. Qǐng zài zhèli qiān míng.
Please enter the password, and sign here.

33 我们预订了两个房间 | WE BOOKED TWO ROOMS

243 那个包你放进衣柜里去吧。
Nà ge bāo nǐ fàng jìn yīguì li qu ba.
Please put that bag into the wardrobe.

244 那个包很大，放得进去放不进去？
Nà ge bāo hěn dà, fàng de jin qu fàng bu jin qu?
That bag is large, can you put it in?

 会话 Conversations

1 (在火车站)

大卫： 终于到桂林了。
Dàwèi: Zhōngyú dào Guìlín le.

尼娜： 哎呀，热死了！
Nínà: Āiyā, rè sǐ le!

玛丽： 到了宾馆，一定要
Mǎlì: Dào le bīnguǎn, yídìng yào

痛痛快快地洗个澡。
tòngtòngkuàikuài de xǐ ge zǎo.

大卫： 我们预订的宾馆不远，
Dàwèi: Wǒmen yùdìng de bīnguǎn bù yuǎn,

怎么去好呢？
zěnme qù hǎo ne?

玛丽： 只要能让我早一点儿
Mǎlì: Zhǐyào néng ràng wǒ zǎo yìdiǎnr

洗澡就行。
xǐ zǎo jiù xíng.

尼娜：前边就有出租车，我们打车去吧。
Nínà: Qiánbian jiù yǒu chūzūchē, wǒmen dǎ chē qù ba.

2（在宾馆大厅）

服务员：您好！
Fúwùyuán: Nín hǎo!

大卫：你好！我们在网上预订了两个房间。
Dàwèi: Nǐ hǎo! Wǒmen zài wǎng shang yùdìng le liǎng ge fángjiān.

服务员：我看看你们的护照。
Fúwùyuán: Wǒ kànkan nǐmen de hùzhào.

你们要住三天，是吗？
Nǐmen yào zhù sān tiān, shì ma?

大卫：是的。
Dàwèi: Shì de.

服务员：好，请你们填一下儿表。
Fúwùyuán: Hǎo, qǐng nǐmen tián yíxiàr biǎo.

大卫：（填完表）给你。这是我的信用卡。
Dàwèi: (tián wán biǎo) Gěi nǐ. Zhè shì wǒ de xìnyòngkǎ.

服务员：请输入密码。请在这里签名。这是你们的房卡。房间在五楼。电梯在那边。
Fúwùyuán: Qǐng shūrù mìmǎ. Qǐng zài zhèli qiān míng. Zhè shì nǐmen de fángkǎ. Fángjiān zài wǔ lóu. Diàntī zài nàbian.

大卫：谢谢！
Dàwèi: Xièxie!

3 (在房间里)

玛丽: 这个房间不错,窗户很大。
Mǎlì: Zhè ge fángjiān búcuò, chuānghu hěn dà.

尼娜: 我想洗澡。
Nínà: Wǒ xiǎng xǐ zǎo.

玛丽: 先吃点儿东西吧。
Mǎlì: Xiān chī diǎnr dōngxi ba.

尼娜: 我不饿,刚才吃了一块蛋糕。
Nínà: Wǒ bú è, gāngcái chī le yí kuài dàngāo.

玛丽: 那个包你放进衣柜里去吧。
Mǎlì: Nà ge bāo nǐ fàng jìn yīguì li qu ba.

尼娜: 包很大,放得进去放不进去?
Nínà: Bāo hěn dà, fàng de jin qu fàng bu jin qu?

玛丽: 你试试。
Mǎlì: Nǐ shìshi.

尼娜: 放得进去。我的红衬衫怎么不见了?
Nínà: Fàng de jin qu. Wǒ de hóng chènshān zěnme bú jiàn le?

玛丽: 不是放在椅子上吗?
Mǎlì: Bú shì fàng zài yǐzi shang ma?

尼娜: 啊,刚放的就忘了。
Nínà: À, gāng fàng de jiù wàng le.

注释 Note

❶ 热死了! I am really hot.
"死"作补语,表示程度高,即"达到极点"的意思。
"死" as a complement indicates a great extent, i.e. the limit of a scale.

三 替换与扩展 Substitution and Extension

替换 Substitution

(1) 热死了！　　麻烦　忙　饿　渴　高兴　难

(2) 到了宾馆，一定要痛痛快快地洗个澡。

考完试	好	睡一觉
刚吃饱	慢	走回去
放了假	快乐	去旅行
回到家	热闹	喝一次酒

(3) 那个包你放进衣柜里去吧。

条	裙子	箱子
条	裤子	包
件	毛衣	衣柜
瓶	啤酒	冰箱

扩展 Extension

(1) 餐厅在大门的旁边。
　　Cāntīng zài dàmén de pángbiān.

(2) A：你洗个澡吧。
　　　Nǐ xǐ ge zǎo ba.

　　B：不，我快饿死了，先吃点儿东西再说。
　　　Bù, wǒ kuài è sǐ le, xiān chī diǎnr dōngxi zàishuō.

33 我们预订了两个房间 WE BOOKED TWO ROOMS

四 生词 New Words

1	终于	zhōngyú	副	at last, finally
2	死	sǐ	动/形	to die; dead
3	痛快	tòngkuai	形	to one's heart's content
4	地	de	助	structural particle used after an adjective or phrase to form an adverbial adjunct before the verb
5	洗澡	xǐ zǎo		to have a bath
6	只要……就……	zhǐyào……jiù……		if…then…
7	输入	shūrù	动	to enter
8	密码	mìmǎ	名	password
9	签名	qiān míng		to sign one's name
10	包	bāo	名	bag
11	填表	tián biǎo		to fill in a form
12	房卡	fángkǎ	名	room card, key card
13	饿	è	形	hungry
14	衬衫	chènshān	名	shirt, blouse
15	椅子	yǐzi	名	chair
16	渴	kě	形	thirsty
17	裙子	qúnzi	名	skirt
18	箱子	xiāngzi	名	trunk, suitcase
19	裤子	kùzi	名	trousers, pants
20	餐厅	cāntīng	名	dining hall

TRAVELLING

五 语法 Grammar

1. 形容词重叠与结构助词"地" Reduplication of adjectives and the structural particle "地"

（1）一部分形容词可以重叠，重叠后表示性质程度的加深。单音节形容词重叠后第二个音节可变为第一声，并可儿化，例如：好好儿、慢慢儿；双音节形容词的重叠形式为"AABB"，例如：高高兴兴、干干净净。

There are a number of adjectives that can be reduplicated in Chinese. When an adjective is reduplicated, its meaning properties are intensified. When a monosyllabic adjective is reduplicated, the second syllable sometimes is pronounced in the 1st tone and can be retroflexed with "r", e.g. "好好儿", "慢慢儿". The reduplication of a disyllabic adjective takes the form "AABB", e.g. "高高兴兴", "干干净净".

（2）单音节形容词重叠后作状语用不用"地"都可以，双音节形容词重叠作状语一般要用"地"。例如：

A reduplicated monosyllabic adjective may or may not take "地" when it is used as an adverbial, while a reduplicated disyllabic adjective normally requires "地", e.g.

① 你们慢慢（地）走啊！
② 他高高兴兴地说："我收到了朋友的来信。"
③ 玛丽舒舒服服地躺在床上睡了。

2. 可能补语（2） The complement of potential (2)

（1）动词和趋向补语之间加上"得"或"不"，就构成了可能补语。例如：

The complement of potential can also be formed by inserting a structural particle "得" or "不" between a verb and a complement of direction, e.g.

① 他们去公园了，十二点以前回得来。
② 山很高，我爬不上去。

（2）正反疑问句的构成方式是并列可能补语的肯定形式和否定形式。例如：

An affirmative-negative question is formed by juxtaposing the positive and the negative forms of a complement of potential, e.g.

33 我们预订了两个房间 WE BOOKED TWO ROOMS

③ 你们十二点以前回得来回不来？

④ 你们听得懂听不懂中国人说话？

六 练 习 Exercises

1. 用适当的量词填空 Fill in the blanks with the appropriate measure words

一____衬衫　　　两____裤子　　　一____裙子

一____桌子　　　三____马路　　　一____衣柜

四____小说　　　两____票　　　　一____自行车

三____圆珠笔　　一____小狗　　　三____客人

2. 把下面的句子改成正反疑问句 Change the following sentences into affirmative-negative questions

例 Example　今天晚上六点你回得来吗？

→ 今天晚上六点你回得来回不来？

（1）那个门很小，汽车开得进去吗？

→ _____

（2）这个包里再放两件衣服，放得进去吗？

→ _____

（3）这么多药水你喝得下去吗？

→ _____

（4）箱子放在衣柜上边，你拿得下来吗？

→ _____

3. 用"只要……就……"回答问题 Answer the following questions with "只要……就……"

例 Example　A：明天你去公园吗？
　　　　　　B：只要天气好，我就去。

（1）A：中国人说话，你听得懂吗？
　　　B：_____

（2）A：你去旅行吗？
　　　B：_____

（3）A：明天你去看杂技吗？
　　　B：_____

（4）A：你想买什么样的衬衫？
　　　B：_____

4. 完成对话 Complete the following conversation

A：请问，一个房间_____？

B：一天二百五十八。

A：_____？

B：有两张床。

A：_____？

B：很方便，一天二十四小时都有热水。

A：房间里能上网吗？

B：_____。

A：好，我要一个房间。

5. 会话 Make a dialogue

在饭店看房间，服务员说这个房间很好，你觉得太贵了，想换一个。

An attendant at a hotel has just taken you to a room, saying that it is a nice one. You feel that it is very expensive and want to change it for another.

提示　房间大小，有什么东西，能不能洗澡，是不是干净，一天多少钱，住几个人。
Suggested points　You want to know the size, the furniture, the bathing facilities, the sanitary conditions, the rent and the capacity of the room.

6. 听后复述　Listen and retell

　　这个饭店不错。房间不太大，可是很干净。二十四小时都能洗热水澡，很方便。房间里可以上网。饭店的楼上有咖啡厅和歌厅（gētīng, karaoke lounge）。客人们白天（báitiān, daytime）在外边参观游览了一天，晚上喝杯咖啡，唱唱歌，可以好好儿地休息休息。

7. 语音练习　Phonetic drills

(1) 常用音节练习　Drills on the frequently used syllables

(2) 朗读会话　Read aloud the conversation

A: Nǐ hǎo! Wǒ yùdìng le yí ge fángjiān.

B: Nín guìxìng?

A: Wǒ xìng Wáng, Wáng Lán.

B: Duìbuqǐ, nín lái de tài zǎo le, fúwùyuán hái méiyǒu shōushi fángjiān ne.

A: Méi guānxi, wǒ děng yìhuǐr. Jǐ diǎn kěyǐ zhù?

B: Bā diǎn.

34 我头疼
I HAVE A HEADACHE

kàn bìng 看病 — TO SEE A DOCTOR

一 句子 Sentences

245 你怎么了？ Is there anything wrong with you?
Nǐ zěnme le?

246 我头疼，咳嗽。 I have a headache and a cough.
Wǒ tóu téng, késou.

247 我昨天晚上就开始不舒服了。
Wǒ zuótiān wǎnshang jiù kāishǐ bù shūfu le.
I began to feel unwell last night.

248 你把嘴张开，我看看。
Nǐ bǎ zuǐ zhāng kāi, wǒ kànkan.
Please open your mouth and let me have a look.

249 吃两天药就会好的。
Chī liǎng tiān yào jiù huì hǎo de.
Take medicine for two days and you will get well.

250 王兰呢？① Where is Wang Lan?
Wáng Lán ne?

34 我头疼 I HAVE A HEADACHE

251 我一下课就找她。
Wǒ yí xià kè jiù zhǎo tā.
I will look for her as soon as I finish the classes.

252 我找了她两次,她都不在。
Wǒ zhǎo le tā liǎng cì, tā dōu bú zài.
I looked for her twice, bus she was not in on both occasions.

二 会话 Conversations

1

大夫: 你怎么了?
Dàifu: Nǐ zěnme le?

玛丽: 我头疼,咳嗽。
Mǎlì: Wǒ tóu téng, késou.

大夫: 几天了?
Dàifu: Jǐ tiān le?

玛丽: 昨天上午还好好儿的,
Mǎlì: Zuótiān shàngwǔ hái hǎohāor de,

晚上就开始不舒服了。
wǎnshang jiù kāishǐ bù shūfu le.

大夫: 你吃药了吗?
Dàifu: Nǐ chī yào le ma?

玛丽: 吃了一次。
Mǎlì: Chī le yí cì.

大夫: 你把嘴张开,我看看。嗓子有点儿红。
Dàifu: Nǐ bǎ zuǐ zhāng kāi, wǒ kànkan. Sǎngzi yǒudiǎnr hóng.

TO SEE A DOCTOR

玛丽：有问题吗？
Mǎlì: Yǒu wèntí ma?

大夫：没什么。你量一下儿体温吧。
Dàifu: Méi shénme. Nǐ liáng yíxiàr tǐwēn ba.

玛丽：发烧吗？
Mǎlì: Fā shāo ma?

大夫：三十七度六，你感冒了。
Dàifu: Sānshíqī dù liù, nǐ gǎnmào le.

玛丽：要打针吗？
Mǎlì: Yào dǎ zhēn ma?

大夫：不用，吃两天药就会好的。
Dàifu: Búyòng, chī liǎng tiān yào jiù huì hǎo de.

2

和子：王兰呢？我一下课就找她，
Hézǐ: Wáng Lán ne? Wǒ yí xià kè jiù zhǎo tā,
　　　找了她两次，她都不在。
　　　zhǎo le tā liǎng cì, tā dōu bú zài.

刘京：她住院了。
Liú Jīng: Tā zhù yuàn le.

和子：病了吗？
Hézǐ: Bìng le ma?

刘京：不是，她受伤了。
Liú Jīng: Bú shì, tā shòu shāng le.

和子：住哪个医院？
Hézǐ: Zhù nǎ ge yīyuàn?

刘京：可能是人民医院。
Liú Jīng: Kěnéng shì Rénmín Yīyuàn.

34 我头疼 I HAVE A HEADACHE

和子：现在情况怎么样？伤得重吗？
Hézǐ: Xiànzài qíngkuàng zěnmeyàng? Shāng de zhòng ma?

刘京：还不清楚，检查了才能知道。
Liú Jīng: Hái bù qīngchu, jiǎnchá le cái néng zhīdào.

注释 Note

① 王兰呢？ Where is Wang Lan?

"名/代+呢"一般表示询问某人或某物在什么地方。"王兰呢"的意思是"王兰在哪儿"。

"Noun/Pron. + 呢" generally concerns the whereabouts of somebody or something. Therefore, "王兰呢" means "where is Wang Lan".

替换与扩展 Substitution and Extension

替换 Substitution

(1) 请把嘴张开。

窗户	开开	照片	发过去
冰箱	打开	文件	放好
门	锁好		

(2) 我找了她两次，她都不在。

| 问 | 说 | 请 | 来 |
| 给 | 要 | 约 | 去 |

(3) 我一下课就找她。

| 到家 | 吃饭 | 放假 | 去旅行 |
| 关灯 | 睡觉 | 起床 | 去锻炼 |

扩展 Extension

(1) 他发了两天烧，吃药以后，今天好多了。
　　Tā fā le liǎng tiān shāo, chī yào yǐhòu, jīntiān hǎo duō le.

(2) 他眼睛做了手术，下星期可以出院了。
　　Tā yǎnjing zuò le shǒushù, xià xīngqī kěyǐ chū yuàn le.

四 生词 New Words

1	开始	kāishǐ	动	to begin
2	把	bǎ	介	preposition used when the object is placed before the verb, and is the recipient of the action
3	嘴	zuǐ	名	mouth
4	张	zhāng	动	to open
5	一……就……	yī……jiù……		no sooner...than...
6	嗓子	sǎngzi	名	throat
7	量	liáng	动	to measure
8	体温	tǐwēn	名	body temperature
9	发烧	fā shāo		to run a fever
10	打针	dǎ zhēn		to give an injection
11	住院	zhù yuàn		to be hospitalized
12	受	shòu	动	to suffer from
13	伤	shāng	名/动	wound; to wound
14	人民	rénmín	名	the people

15	情况	qíngkuàng	名	situation
16	重	zhòng	形	serious
17	文件	wénjiàn	名	file
18	锁	suǒ	动/名	to lock; lock
19	灯	dēng	名	light
20	锻炼	duànliàn	动	to do physical training
21	眼睛	yǎnjing	名	eye
22	手术	shǒushù	名	operation
23	出院	chū yuàn		to leave hospital

专名 Proper Noun

| 人民医院 | Rénmín Yīyuàn | the People's Hospital |

五 语法 Grammar

1. "把"字句（1） The "把" sentence (1)

（1）"把"字句常常用来强调说明动作对某事物如何处置及处置的结果。在"把"字句里，介词"把"和它的宾语——被处置的事物，必须放在主语之后、动词之前，起状语的作用。例如：

"把" sentence is usually used to stress how the object of a verb is disposed of and what result is brought about. In such a sentence, the preposition "把" and its object — the thing to be disposed of, should be inserted between the subject and the verb so as to function as an adverbial, e.g.

① 你把门开开。
② 我把信寄出去了。
③ 小王把那本书带来了。
④ 请把那儿的情况给我们介绍介绍。

（2）"把"字句有如下几个特点：
Some characteristics of the "把" sentence:

a. "把"的宾语是说话人心目中已确定的。不能说"把一杯茶喝了"，只能说"把那杯茶喝了"。
The object of "把" is something definite in the mind of the speaker. Therefore, one can say "把那杯茶喝了", but not "把一杯茶喝了".

b. "把"字句的主要动词一定是及物的，并带有处置或支配的意义。没有处置意义的动词，如"有""是""在""来""回""喜欢""知道"等，不能用于"把"字句。
The main verb of a "把" sentence should be transitive and has a meaning of disposing or controlling something. The verbs without such a meaning, e.g. "有", "是", "在", "来", "回", "喜欢", "知道" and so on can't be used in the "把" sentence.

c. "把"字句的动词后，必须有其他成分。比如不能说"我把门开"，必须说"我把门开开"。
In a "把" sentence, there must be some constituent that follows the verb. Thus, one may say "我把门开开", but not "我把门开".

2. "一……就……" no sooner...than...

（1）有时表示两件事紧接着发生。例如：
It sometimes means that two events occur in close succession, e.g.

① 他一下车就看见玛丽了。　　② 他们一放假就都去旅行了。

（2）有时候前一分句表示条件，后一分句表示结果。例如：
Occasionally, the first part denotes the condition while the second part expresses the result, e.g.

③ 他一累就头疼。　　④ 一下雪，路就很滑。

六 练习 Exercises

1. 给下面的词语配上适当的结果补语 Match the following words with appropriate complements of result

34 我头疼　I HAVE A HEADACHE

开＿＿＿灯　　　吃＿＿＿饭　　　修＿＿＿自行车

洗＿＿＿衣服　　接＿＿＿一个电话

2. 仿照例子，把下面的句子改成"把"字句 Change the following sentences into sentences with "把" by following the model

例 Example 他画好了一张画儿。→ 他把那张画儿画好了。

（1）他打开了桌上的电脑。→ ＿＿＿＿＿＿＿＿＿＿

（2）我弄丢了小王的杂志。→ ＿＿＿＿＿＿＿＿＿＿

（3）我们布置好了那个房间。→ ＿＿＿＿＿＿＿＿＿

（4）我摔坏了刘京的手机。→ ＿＿＿＿＿＿＿＿＿＿

3. 完成对话 Complete the following conversation

A：＿＿＿＿＿＿＿＿＿＿？

B：我刚一病就住院了。

A：＿＿＿＿＿＿＿＿＿＿？

B：现在还在检查，检查完了才能知道。

A：要我帮你做什么吗？

B：你下次来，＿＿＿＿＿＿＿＿＿。（把　书）

A：好。

4. 会话 Make a dialogue

大夫和看病的人对话。
Between a doctor and a patient.

提示　看病的人告诉大夫，他打球的时候，手受伤了，所以来医院看病。
Suggested points　The patient is telling the doctor that he hurt his hand while he was playing ball and this is the reason why he has come to the hospital.

5. 听后复述　Listen and retell

今天小王一起床就头疼，不想吃东西。他没去上课，去医院看病了。大夫给他检查了身体，问了他这两天的生活情况。

他不发烧，嗓子也不红，不是感冒。昨天晚上他玩儿电脑，睡得很晚，睡得也不好。头疼是因为（yīnwèi, because）睡得太少了。大夫没给他药，告诉他回去好好儿睡一觉就会好的。

6. 语音练习　Phonetic drills

(1) 常用音节练习　Drills on the frequently used syllables

(2) 朗读会话　Read aloud the conversation

A: Dàifu, wǒ dùzi téng.

B: Shénme shíhou kāishǐ de?

A: Jīntiān zǎoshang.

B: Zuótiān nǐ chī shénme dōngxi le? Chī tài liáng de dōngxi le ma?

A: Hē le hěn duō bīng shuǐ.

B: Kěnéng shì yīnwèi hē de tài duō le, chī diǎnr yào ba.

tànwàng
探望
TO PAY A VISIT

35 你好点儿了吗
ARE YOU BETTER NOW

一 句子 Sentences

253 王兰被车撞伤了。
Wáng Lán bèi chē zhuàng shāng le.
Wang Lan was knocked down by a car.

254 带些水果什么的①吧。
Dài xiē shuǐguǒ shénmede ba.
Let's bring some fruit and some other food.

255 医院前边修路，汽车到不了医院门口。
Yīyuàn qiánbian xiū lù, qìchē dào bu liǎo yīyuàn ménkǒu.
The road is being repaired in front of the hospital, so the car can't reach its gate.

256 从那儿走着去很近。
Cóng nàr zǒu zhe qù hěn jìn.
It's very close from there by walking.

257 你好点儿了吗? Are you better now?
Nǐ hǎo diǎnr le ma?

258 看样子，你好多了。 You look much better.
Kàn yàngzi, nǐ hǎo duō le.

259 我觉得一天比一天好。②
Wǒ juéde yì tiān bǐ yì tiān hǎo.
I am feeling better and better each day.

260 我们给你带来一些吃的。
Wǒmen gěi nǐ dài lai yìxiē chī de.
We've brought you something to eat.

二 会话 Conversations

1

玛丽：听说王兰被车撞伤了，是吗？
Mǎlì: Tīngshuō Wáng Lán bèi chē zhuàng shāng le, shì ma?

刘京：是的，她住院了。
Liú Jīng: Shì de, tā zhù yuàn le.

大卫：哪个医院？
Dàwèi: Nǎ ge yīyuàn?

刘京：人民医院。
Liú Jīng: Rénmín Yīyuàn.

大卫：今天下午我们去看看她吧。
Dàwèi: Jīntiān xiàwǔ wǒmen qù kànkan tā ba.

玛丽：好的。我们带点儿什么去？
Mǎlì: Hǎo de. Wǒmen dài diǎnr shénme qù?

大卫：带些水果什么的吧。
Dàwèi: Dài xiē shuǐguǒ shénmede ba.

玛丽：好，我们现在就去买。
Mǎlì: Hǎo. Wǒmen xiànzài jiù qù mǎi.

35 你好点儿了吗 ARE YOU BETTER NOW

刘京: 对了，最近人民医院前边修路，汽车到不了医院门口。
Liú Jīng: Duì le, zuìjìn Rénmín Yīyuàn qiánbian xiū lù, qìchē dào bu liǎo yīyuàn ménkǒu.

玛丽: 那怎么办？
Mǎlì: Nà zěnme bàn?

大卫: 我们在前一站下车，从那儿走着去很近。
Dàwèi: Wǒmen zài qián yí zhàn xià chē, cóng nàr zǒu zhe qù hěn jìn.

2

玛丽: 王兰，你好点儿了吗？
Mǎlì: Wáng Lán, nǐ hǎo diǎnr le ma?

刘京: 看样子，你好多了。
Liú Jīng: Kàn yàngzi, nǐ hǎo duō le.

王兰: 我觉得一天比一天好。
Wáng Lán: Wǒ juéde yì tiān bǐ yì tiān hǎo.

大卫: 我们给你带来一些吃的，保证你喜欢。
Dàwèi: Wǒmen gěi nǐ dài lai yìxiē chī de, bǎozhèng nǐ xǐhuan.

王兰: 谢谢你们。
Wáng Lán: Xièxie nǐmen.

玛丽: 你在这儿过得怎么样？
Mǎlì: Nǐ zài zhèr guò de zěnmeyàng?

王兰: 眼镜摔坏了，看不了书。
Wáng Lán: Yǎnjìng shuāi huài le, kàn bu liǎo shū.

刘京: 别着急，我拿去找人修。
Liú Jīng: Bié zháojí, wǒ ná qu zhǎo rén xiū.

大卫: 你好好儿休息，下次我们再来看你。
Dàwèi: Nǐ hǎohāor xiūxi, xià cì wǒmen zài lái kàn nǐ.

王兰： 不用了，大夫说我下星期就能出院。
Wáng Lán: Búyòng le, dàifu shuō wǒ xià xīngqī jiù néng chū yuàn.

大卫： 真的？下个周末有舞会，我们等
Dàwèi: Zhēn de? Xià ge zhōumò yǒu wǔhuì, wǒmen děng
你来跳舞。
nǐ lái tiào wǔ.

王兰： 好，我一定准时到。
Wáng Lán: Hǎo, wǒ yídìng zhǔnshí dào.

注释 Notes

❶ 什么的 and so on, and so forth

用在一个成分或几个并列成分之后，表示"等等"或"……之类"的意思。例如：喝点儿咖啡、雪碧什么的；洗洗衣服、做做饭什么的。一般不用于人或地方。

When "什么" takes "的" and is placed after an element or several parallel elements, it denotes "等等" (and so forth) or "……之类" (and such things), e.g. "喝点儿咖啡、雪碧什么的","洗洗衣服、做做饭什么的". It is used neither for person nor place.

❷ 我觉得一天比一天好。 I am feeling better and better each day.

"一天比一天"作状语，表示随着时间的推移，事物变化的程度递增或递减。也可以说"一年比一年"或"一次比一次"等。

"一天比一天" as an adverbial, means that things are changing for the better or worse as time goes on. One may also say "一年比一年" or "一次比一次".

35 你好点儿了吗 ARE YOU BETTER NOW

三 替换与扩展 Substitution and Extension

替换 Substitution

(1) 王兰被车撞伤了。

树	风	刮倒
沙发	孩子	弄脏
杯子	病人	摔坏
杂志	他	借走

(2) 我们给你带来一些吃的。

拿	糖
买	方便面
带	面包
借	英文小说

扩展 Extension

(1) 天 很 黑，看 样 子 要 下 雨 了。
　　Tiān hěn hēi, kàn yàngzi yào xià yǔ le.

(2) 人 民 的 生 活 一 年 比 一 年 幸 福。
　　Rénmín de shēnghuó yì nián bǐ yì nián xìngfú.

(3) 那 个 戴 墨 镜 的 人 是 谁？
　　Nà ge dài mòjìng de rén shì shéi?

四 生词 New Words

1	被	bèi	介	used in a passive sentence to introduce the agent or doer
2	撞	zhuàng	动	to knock down
3	什么的	shénmede	助	and so on
4	看样子	kàn yàngzi		it seems…, one looks…
5	最近	zuìjìn	名	recently
6	保证	bǎozhèng	动	to ensure
7	眼镜	yǎnjìng	名	glasses
8	着急	zháojí	形	uneasy
9	周末	zhōumò	名	weekend
10	准时	zhǔnshí	形	on time
11	树	shù	名	tree
12	倒	dǎo	动	to collapse
13	沙发	shāfā	名	sofa
14	病人	bìngrén	名	patient
15	杂志	zázhì	名	magazine
16	糖	táng	名	sweets
17	方便面	fāngbiànmiàn	名	instant noodles
18	面包	miànbāo	名	bread
19	黑	hēi	形	black
20	戴	dài	动	to wear, to put on
21	墨镜	mòjìng	名	sunglasses

五 语法 Grammar

被动句 Passive sentences

（1）用介词"被"引出动作的施动者构成被动句。这种句子多含有不如意的意思。例如：
The passive sentence with the preposition "被" introducing the agent of the action mostly imply unsatisfactory feeling, e.g.

① 王兰被车撞伤了。　② 树被大风刮倒了。

（2）"被"的施动者（宾语）有时可笼统表示，也可不引出施动者。例如：
The agent (the object) of "被" can sometimes generally indicated, or not be introduced, e.g.

③ 自行车被人借走了。　④ 花瓶被打碎了。

（3）介词"让""叫"也可构成被动句，常用于非正式场合的口语中。"让""叫"引出的施动者（宾语）不可省略。例如：
The passive sentence with the preposition "让" or "叫" introducing the agent of the action is often used in the informal spoken language. The agent (the object) may not be omitted, e.g.

⑤ 窗户让风刮开了。　⑥ 那张画儿叫小孩弄脏了。

（4）意义上的被动　Passive in meaning
没有"被""让""叫"等介词标志，但实际意义是被动的，叫意义上的被动。例如：
In Chinese, some sentences without the prepositions such as "被", "让" and "叫" as the markers, but are passive in the actual meaning. Those are called the notional passive, e.g.

⑦ 眼镜摔坏了。　⑧ 衣服洗干净了。

六 练习 Exercises

1. 熟读下列短语并选择几个造句　Read up on the following expressions and make sentences with some of them

2. 用所给词语造被动句　Make passive sentences with the given words and expressions

例 Example　自行车　撞坏 → 我的自行车被汽车撞坏了。

(1) 笔　　　弄丢 → _____

(2) 杂志　　拿走 → _____

(3) 照相机　借走 → _____

(4) 电脑　　弄坏 → _____

3. 把下列"把"字句改为被动句　Change the following "把" sentences into passive ones

例 Example　我把眼镜摔坏了。 → 眼镜被我摔坏了。

(1) 妹妹把妈妈的手表弄丢了。　→ _____

(2) 真糟糕,我把他的名字写错了。 → _____

(3) 他把文件忘在出租车上了。　→ _____

(4) 他把房卡拿走了。　→ _____

(5) 大风把小树刮倒了。　→ _____

35 你好点儿了吗 ARE YOU BETTER NOW

4. 会话 Make a dialogue

去医院看病人，与病人一起谈话。
You go to a hospital to visit a patient and have a chat with him/her.

提示 医院生活怎么样，病（的）情（况）怎么样，要什么东西等。
Suggested points What is his/her life like in the hospital? How about his/her illness? What does he/she need?

5. 听后复述 Listen and retell

小王住院了，上星期六我们去看她。她住的病房有四张病床。三张病床有人，有一张是空（kōng, empty）的。我们去看她的时候，她正躺着看书呢。看见我们，她高兴极了。她说想出院。我们劝（quàn, to persuade）她不要着急，出院后我们帮她补（bǔ, to coach）英语，想吃什么就给她送去。她很高兴，不再说出院的事了。

6. 语音练习 Phonetic drills

(1) 常用音节练习 Drills on the frequently used syllables

(2) 朗读会话 Read aloud the conversation

A: Qǐngwèn, Wáng Lán zhù zài jǐ hào bìngfáng?

B: Tā zài wǔ hào yī chuáng, kěshì jīntiān bù néng kàn bìngrén.

A: Wǒ yǒu diǎnr jí shì, ràng wǒ jìn qu ba.

B: Shénme shì?

A: Tā xiǎng chī bīngqílín, xiànzài bú sòng qu, jiù děi hē bīng shuǐ le.

B: Méi guānxi, wǒ kěyǐ bāng nǐ bǎ bīngqílín gěi tā sòng jin qu.

复习（七）
REVIEW (VII)

一　会　话　Conversations

A：你去过四川（Sìchuān, Sichuan Province）吗？看过乐山大佛（Lèshān Dàfó, the Giant Buddha at Leshan）吗？

B：我去过四川，可是没看过乐山大佛。

A：没看过？那你一定要去看看这尊（zūn, a measure word）有名的大佛！

B：乐山大佛有多大？

A：他坐着从头到脚（jiǎo, foot）就有71米（mǐ, metre）。他的头有14米长，耳朵（ěrduo, ear）有7米长。

B：啊，真大啊！那他的脚一定更大了。

A：那当然。大佛的脚有多大，我记不清楚了。不过可以这样说，他的一只脚上可以停五辆大汽车。

B：真了不起（liǎobuqǐ, extraordinary）！这尊大佛是什么时候修建（xiūjiàn, to build）的？

A：唐代（Táng Dài, Tang Dynasty）就修建了。大佛在那儿已经（yǐjīng, already）坐了一千（qiān, thousand）多年了。你看，这些照片都是在那儿照的。

B：照得不错。那儿的风景也很美。你是什么时候去的？

A：2012年9月坐船去的。我还想再去一次呢。

B：听了你的介绍，我一定要去看看这尊大佛。要是你有时间，我们一起去，就可以请你当导游了。

A：没问题。

二 语法 Grammar

（一）几种补语 Several kinds of complements

1. 状态补语 The complement of state

状态补语一般由形容词充任，动词短语等也可作状态补语。状态补语必须带"得"。例如：
A complement of state is usually made up of an adjective. But a verb phrase can also be used as a complement of state. All complements of state must be preceded by "得", e.g.

> ① 老师说得很慢。　　② 他急得跳了起来。
> ③ 他高兴得不知道说什么好。

2. 程度补语 The complement of degree

表示性质状态的程度。"死了""极了"作程度补语时，前面不加"得"；副词"很"、形容词"多"等作程度补语时，前面加"得"。例如：
It describes the degree of a state. When "死了", "极了" are used as the complement of degree, "得" cannot be added in front; When the adverb "很", the adjective "多", etc. are used as the complement of degree, "得" must be added in front, e.g.

> ① 今天热死了。
> ② 那只小狗可爱极了。
> 　　　　　　　　　　　　不带"得"的程度补语
> 　　　　　　　　　　　　the complement of degree without "得"
>
> ③ 中国的名胜古迹多得很。
> ④ 这儿比那儿冷得多。
> 　　　　　　　　　　　　带"得"的程度补语
> 　　　　　　　　　　　　the complement of degree with "得"

3. 结果补语 The complement of result

> ① 你看见和子了吗？　　② 你慢点儿说，我能听懂。
> ③ 玛丽洗完了衣服。　　④ 我拿走了他的词典。

4. 趋向补语　The complement of direction

① 王老师从楼上下来了。　② 玛丽进大厅去了。

③ 他买回来很多水果。　④ 那个包你放进衣柜里去吧。

5. 可能补语　The complement of potential

结果补语、简单或复合趋向补语前加"得"或"不"，都可以构成可能补语。例如：
Either a complement of result, or a simple or compound complement, if preceded by "得" or "不", can constitute a complement of potential, e.g.

① 练习不太多，今天晚上我做得完。

② 我听不懂你说的话。

③ 现在去长城，下午两点回得来回不来？

④ 衣柜很小，这个包放不进去。

6. 数量补语　The complement or quantity

① 姐姐比妹妹大三岁。　② 大卫比我高一点儿。

③ 那本词典比这本便宜两块多钱。

7. 动量补语　The complement or frequency

① 来北京以后，他只去过一次动物园。

② 我去找了他两次。

8. 时量补语　The complement of duration

① 我们休息了二十分钟。　② 他只学了半年汉语。

③ 大卫做练习做了一个小时。　④ 小王已经毕业两年了。

9. 时地补语　The complement of time and place

表示动作行为发生的时间和处所。时地补语由介词短语充当。例如：

Some prepositional phrases are used to indicate the time when an action began or the location where an action took place. They are known as the complement of time and place, e.g.

① 他毕业于（yú, in）2012年。　② 玛丽住在九号楼。

③ 我把啤酒放在冰箱里了。

（二）结构助词"的""得""地"　The structural particles "的", "得" and "地"

1. 的

"的"用在定语和中心语之间。例如：
"的" is used between an attributive and a headword, e.g.

① 穿白衣服的同学是他的朋友。

② 那儿有个很大的商店。

2. 得

"得"用在动词、形容词和补语之间。例如：
"得" is put between a verbal or adjectival predicate and a complement, e.g.

① 我的朋友在北京过得很愉快。

② 这些东西你拿得了拿不了？

3. 地

"地"用在状语和动词之间。例如：
"地" is inserted between an adverbial adjunct and a verbal predicate, e.g.

① 小刘高兴地说："我今天收到三封信。"

② 中国朋友热情地欢迎我们。

三 练习 Exercises

1. 按照实际情况说话 Talk about the following topics according to the actual situations

（1）说说你的宿舍是怎么布置的。（用上"着"）

（2）说说你一天的生活。（用上趋向补语"来""去"）

（3）介绍一次旅游的情况。（买票　找旅馆　参观　游览）

2. 会话 Make dialogues

（1）旅游　Travel

　　A. 买票　Buy a ticket

> 到……的票还有吗？　　　要哪次的？
> 预订……张……（时间）的票。　几点开（起飞）？
> 要硬卧（软卧）。　　　　坐……要多长时间？

　　B. 旅馆　Hotel

> 几个人一个房间？　　住一天多少钱？
> 有洗澡间吗？　　　　餐厅（舞厅、咖啡厅……）在哪儿？

　　C. 参观游览　Go on a sightseeing tour

> 这儿的风景……　　　顺便到……
> 有什么名胜古迹？　　跟……一起……
> 先去……再去……　　当导游

（2）看病 See a doctor

你怎么了？　　　　　　不舒服

量一下儿体温吧。　　　头疼

发烧，……度。　　　　嗓子疼

感冒了。　　　　　　　咳嗽

吃点儿药。　　　　　　什么病？

一天吃……次。

一天打……针。

住（出）院吧。

（3）探望 See a patient

什么时候能看病人？　　谢谢你来看我。

给他买点儿什么？　　　（你们）太客气了。

你好点儿了吗？　　　　现在好多了。

看样子，你……

别着急，好好儿休息。

你想要什么东西吗？

医院的生活怎么样？

什么时候出院？

3. 完成对话 Complete the following conversation

A：玛丽，天津离北京这么近，星期四我们去玩儿玩儿吧。

B：好，我们可以让_____。

A：不行，小刘病了。

B：_____？

A：她发烧、咳嗽。

B: _____? 我怎么不知道?

A: 昨天晚上开始的。

B: _____, 我们自己去不方便。

A: 也好, 等小刘好了再去吧。

4. 语音练习 Phonetic drills

(1) 声调练习: 第一声+第三声　Drills on tones: 1st tone + 3rd tone

　　yāoqǐng　　（邀请）

　　yāoqǐng qīnyǒu　　（邀请亲友）

　　yāoqǐng qīnyǒu hē jiǔ　　（邀请亲友喝酒）

(2) 朗读会话　Read aloud the conversation

A: Dàifu, wǒ sǎngzi téng.

B: Yǒudiǎnr hóng, yào duō hē shuǐ.

A: Wǒ hē de bù shǎo.

B: Bié chī de tài xián.

A: Wǒ zhīdào.

B: Xiànzài nǐ qù ná yào, yàoshi bù hǎo, zài lái kàn.

A: Hǎo, xièxie. Zàijiàn!

36 我要回国了
I'LL BE BACK TO MY COUNTRY

gào bié
告别
DEPARTURE

一 句子 Sentences

261 好久不见了。 I haven't seen you for ages.
Hǎojiǔ bú jiàn le.

262 你今天怎么有空儿来了？
Nǐ jīntiān zěnme yǒu kòngr lái le?
What brings you here today?

263 我来向你告别。 I've come to say good-bye to you.
Wǒ lái xiàng nǐ gào bié.

264 我常来打扰你，很过意不去。
Wǒ cháng lái dǎrǎo nǐ, hěn guò yì bú qù.
I am sorry to trouble you so often.

265 你那么忙，不用送我了。
Nǐ nàme máng, búyòng sòng wǒ le.
Don't bother to see me off. You are so busy.

266 我一边学习，一边工作。
Wǒ yìbiān xuéxí, yìbiān gōngzuò.
I study while I work.

267 朋友们有的知道，有的不知道。
Péngyoumen yǒude zhīdào, yǒude bù zhīdào.
Some friends know this, but others don't.

268 趁这两天有空儿，我去向他们告别。
Chèn zhè liǎng tiān yǒu kòngr, wǒ qù xiàng tāmen gào bié.
I'll go and say good-bye to them, as I am free in the next few days.

二 会 话 Conversations

1

玛丽：你好，王先生！
Mǎlì: Nǐ hǎo, Wáng xiānsheng!

王：玛丽小姐，好久不见了。今天怎么有空儿来了？
Wáng: Mǎlì xiǎojiě, hǎojiǔ bú jiàn le. Jīntiān zěnme yǒu kòngr lái le?

玛丽：我来向你告别。
Mǎlì: Wǒ lái xiàng nǐ gào bié.

王：你要去哪儿？
Wáng: Nǐ yào qù nǎr?

玛丽：我要回国了。
Mǎlì: Wǒ yào huí guó le.

王：日子过得真快，你来北京已经一年了。
Wáng: Rìzi guò de zhēn kuài, nǐ lái Běijīng yǐjīng yì nián le.

玛丽：常来打扰你，很过意不去。
Mǎlì: Cháng lái dǎrǎo nǐ, hěn guò yì bú qù.

36 我要回国了　I'LL BE BACK TO MY COUNTRY

王：哪儿的话①，因为忙，对你的照顾很不够。
Wáng: Nǎr de huà, yīnwèi máng, duì nǐ de zhàogù hěn bú gòu.

玛丽：你太客气了。
Mǎlì: Nǐ tài kèqi le.

王：哪天走？我去送你。
Wáng: Nǎ tiān zǒu? Wǒ qù sòng nǐ.

玛丽：你那么忙，不用送了。
Mǎlì: Nǐ nàme máng, búyòng sòng le.

2

刘京：这次回国，你准备工作还是继续学习？
Liú Jīng: Zhè cì huí guó, nǐ zhǔnbèi gōngzuò háishi jìxù xuéxí?

大卫：我打算考研究生，一边学习，一边工作。
Dàwèi: Wǒ dǎsuàn kǎo yánjiūshēng, yìbiān xuéxí, yìbiān gōngzuò.

刘京：那很辛苦啊。
Liú Jīng: Nà hěn xīnkǔ a.

大卫：没什么，我们那儿很多人都这样。
Dàwèi: Méi shénme, wǒmen nàr hěn duō rén dōu zhèyàng.

刘京：你要回国的事，朋友们都知道了吗？
Liú Jīng: Nǐ yào huí guó de shì, péngyoumen dōu zhīdào le ma?

大卫：有的知道，有的不知道。趁这两天有
Dàwèi: Yǒude zhīdào, yǒude bù zhīdào. Chèn zhè liǎng tiān yǒu

空儿，我去向他们告别。
kòngr, wǒ qù xiàng tāmen gào bié.

注释 Note

① 哪儿的话。 You are much too polite.
用在答话里表示否定的客气话，一般用在对方表示自谦或抱歉时。
"哪儿的话" has a negative connotation and is a common polite reply to somebody's self-abasement or sorriness.

三 替换与扩展 Substitution and Extension

替换 Substitution

(1) 你 来北京已经一年了。

他	离开上海	两年
我	起床	一刻钟
小王	去欧洲	三个月

(2) 他一边学习，一边工作。

看新闻	下载文件
跳舞	唱歌
喝茶	讨论
散步	聊天儿

(3) 朋友们有的知道，有的不知道。

同学	来	不来
老师	参加	不参加
孩子	喜欢	不喜欢

36 我要回国了 I'LL BE BACK TO MY COUNTRY

扩展 Extension

（1）这 两 天 我 得 去 办 各 种 手 续，没
    Zhè liǎng tiān wǒ děi qù bàn gè zhǒng shǒuxù, méi
    时 间 去 向 你 告 别 了。请 原 谅。
    shíjiān qù xiàng nǐ gào bié le. Qǐng yuánliàng.

（2）有 几 位 老 朋 友 好 久 不 见 了，趁 出 差 的
    Yǒu jǐ wèi lǎo péngyou hǎojiǔ bú jiàn le, chèn chū chāi de
    机 会 去 看 看 他 们。
    jīhui qù kànkan tāmen.

四 生词 New Words

1	好久	hǎojiǔ	形	for a long time
2	向	xiàng	介	to, towards
3	告别	gào bié		to depart, to say good-bye
4	打扰	dǎrǎo	动	to trouble, to bother
5	过意不去	guò yì bú qù		to be sorry
6	那么	nàme	代	in this way, like that
7	一边……一边……	yìbiān……yìbiān……		at the same time
8	们	men	尾	*plural suffix*
9	有的	yǒude	代	some
10	趁	chèn	介	while
11	日子	rìzi	名	time, days
12	已经	yǐjīng	副	already

DEPARTURE

13	因为	yīnwèi	连	because
14	照顾	zhàogù	动	to take care of
15	够	gòu	动	to be enough
16	准备	zhǔnbèi	动	to prepare
17	继续	jìxù	动	to continue
18	打算	dǎsuàn	动/名	to plan, to want; intention
19	研究生	yánjiūshēng	名	post-graduate
20	离开	lí kāi		to leave
21	新闻	xīnwén	名	news
22	下载	xiàzài	动	to download
23	聊天儿	liáo tiānr		to chat
24	手续	shǒuxù	名	procedure
25	老	lǎo	形	old, veteran
26	机会	jīhuì	名	chance, opportunity

专名 Proper Noun

| 欧洲 | Ōuzhōu | Europe |

五 语法 Grammar

1. 时量补语（3） The complement of duration (3)

有些动词，如"来""去""到""下（课）""离开"等加时量补语，不是表示动作的持续，而是表示从发生到某时（或说话时）的一段时间。动词后有宾语时，时量补语要放在宾语之后。例如：

36 我要回国了 I'LL BE BACK TO MY COUNTRY

Some actions, e.g. "来", "去", "到", "下（课）", "离开", are not durational. If one wants to indicate the period from the time an action occurs to a later specific point time (or time of speaking), one may use a complement of duration. When an object follows a verb, the complement of duration is put after the object, e.g.

① 他来北京一年了。　　② 下课十五分钟了。

2. "有的……有的……" some…and the others…

（1）代词"有的"作定语时，常指它所修饰的名词的一部分，可以单用，也可以两三个连用。例如：
When "有的" is used as an attributive, it modifies the noun, usually referring to some of the entities denoted by that noun. It can occur once, twice or thrice in a sentence, e.g.

① 有的话我没听懂。

② 我们班有的同学喜欢看电影，有的（同学）喜欢听音乐，有的（同学）喜欢看小说。

（2）如果所修饰的名词前面已出现过，名词也可以省略。例如：
If the noun it modifies has appeared before, the noun can be omitted, e.g.

③ 他的书很多，有的是中文的，有的是英文的。

六 练习 Exercises

1. 熟读下列短语并选择几个造句　Read up on the following expressions and make sentences with some of them

趁 { 放假的时候 / 天气好 / 这几天不忙

向 { 他告别 / 小王学习 / 前看

好 { 多 / 几个星期 / 累

2. 选择适当的词语完成句子　Complete the following sentences with appropriate words

　　　　有的　　继续　　撞　　老　　出差　　够

（1）你的病还没好，应该＿＿＿＿＿。

（2）买两本书得三十块钱，我带的＿＿＿＿＿，买一本吧。

（3）他已经五十岁了，可是看样子＿＿＿＿＿。

（4）他＿＿＿＿＿，很少在家。

（5）那棵小树昨天被汽车＿＿＿＿＿。

（6）我有很多中国朋友，＿＿＿＿＿。

3. 给下面的词语选择适当的位置　Insert the given words into the following setences at the suitable places

（1）李成日 A 离开 B 北京 C 了。（一年）

（2）他 A 去 B 医院 C 了。（两个半小时）

（3）他 A 大学 B 毕业 C 了。（两年）

（4）他 A 已经 B 起床 C 了。（半个小时）

（5）他们 A 结 B 婚 C 了。（十多年）

4. 按照实际情况回答问题　Answer the following questions according to the actual situations

（1）你来北京多长时间了？

（2）你什么时候中学毕业的？毕业多长时间了？

（3）你现在穿的这件衣服，买了多长时间了？

36 我要回国了 I'LL BE BACK TO MY COUNTRY

（4）你离开你们国家多长时间了？

5. 完成对话 Complete the following conversation

A：小王，我要回国了。

B：_____？

A：二十号晚上走。

B：_____？

A：准备得差不多了。

B：_____？

A：不用帮忙，我自己可以。

B：_____？

A：你很忙，不用送我了。

6. 会话 Make a dialogue

你来中国的时候向朋友告别。
You bid farewell to your friends when you left for China.

提示　朋友问你学什么，学习多长时间；你问他们有没有要办的事等。
Suggested points　Your friends asked what you would study and how long you would study. You asked what you could do for them.

7. 听后复述 Listen and retell

　　明天我要去旅行。这次去的时间比较长，得去向朋友告别一下，可是老张住院了。

　　在北京的这些日子里，老张像家里人一样照顾我。我也常去打扰他，我觉得很过意不去。今天不能去跟他告别，我就给他写一封信去，问他好吧。希望（xīwàng, to hope）我回来的时候他已经出院了。

8. 语音练习　Phonetic drills

(1) 常用音节练习　Drills on the frequently used syllables

(2) 朗读会话　Read aloud the conversation

A: Wáng Lán, wǒ xiàng nǐ gào bié lái le.

B: Zhēn qiǎo, wǒ zhèng yào qù kàn nǐ ne. Qǐng jìn.

A: Nǐ nàme máng, hái chángcháng zhàogù wǒ, fēicháng gǎnxiè.

B: Nǎr de huà, zhàogù de hěn bú gòu.

jiànxíng
饯行
TO GIVE A FAREWELL DINNER

37 真舍不得你们走
WE ARE SORRY TO LET YOU GO

一 句子 Sentences

269
回国的日子越来越近了。
Huí guó de rìzi yuè lái yuè jìn le.
The day of returning home is drawing near.

270
虽然时间不长，但是我们的友谊很深。
Suīrán shíjiān bù cháng, dànshì wǒmen de yǒuyì hěn shēn.
We haven't stayed together for long, but we have already built up profound friendship.

271
我们把通讯地址都留在本子上了。
Wǒmen bǎ tōngxùn dìzhǐ dōu liú zài běnzi shang le.
We've already written down the address in our notebooks.

272
让我们一起照张相吧！
Ràng wǒmen yìqǐ zhào zhāng xiàng ba!
Let's have a photo taken together.

273
除了去实习的以外，都来了。
Chúle qù shíxí de yǐwài, dōu lái le.
Except for those in an internship, everybody is here.

274
你用汉语唱个歌吧。
Nǐ yòng Hànyǔ chàng ge gē ba.
Please sing us a Chinese song.

275
我唱完就该你们了。
Wǒ chàng wán jiù gāi nǐmen le.
It will be your turn after I have finished singing.

276
真不知道说什么好。
Zhēn bù zhīdào shuō shénme hǎo.
I really don't know what to say.

二 会话 Conversations

1

和子：回国的日子越来越近了。
Hézǐ: Huí guó de rìzi yuè lái yuè jìn le.

王兰：真舍不得你们走。
Wáng Lán: Zhēn shěbudé nǐmen zǒu.

大卫：是啊，虽然时间不长，
Dàwèi: Shì a, suīrán shíjiān bù cháng,
但是我们的友谊很深。
dànshì wǒmen de yǒuyì hěn shēn.

玛丽：我们把通讯地址都留在本子上了，
Mǎlì: Wǒmen bǎ tōngxùn dìzhǐ dōu liú zài běnzi shang le,
以后常联系。
yǐhòu cháng liánxì.

37 真舍不得你们走 WE ARE SORRY TO LET YOU GO

刘京: 我想你们还会有机会来中国的。
Liú Jīng: Wǒ xiǎng nǐmen hái huì yǒu jīhui lái Zhōngguó de.

和子: 要是来北京，一定来看你们。
Hézǐ: Yàoshi lái Běijīng, yídìng lái kàn nǐmen.

大卫: 让我们一起照张相吧！
Dàwèi: Ràng wǒmen yìqǐ zhào zhāng xiàng ba!

玛丽: 好，多照几张，留作纪念。
Mǎlì: Hǎo, duō zhào jǐ zhāng, liú zuò jìniàn.

2

玛丽: 参加欢送会的人真多。
Mǎlì: Cānjiā huānsònghuì de rén zhēn duō.

刘京: 除了去实习的以外，都来了。
Liú Jīng: Chúle qù shíxí de yǐwài, dōu lái le.

和子: 开始演节目了。
Hézǐ: Kāishǐ yǎn jiémù le.

大卫: 玛丽，你用汉语唱个歌吧。
Dàwèi: Mǎlì, nǐ yòng Hànyǔ chàng ge gē ba.

玛丽: 我唱完就该你们了。
Mǎlì: Wǒ chàng wán jiù gāi nǐmen le.

王兰: 各班的节目很多，很精彩。
Wáng Lán: Gè bān de jiémù hěn duō, hěn jīngcǎi.

和子: 同学和老师这么
Hézǐ: Tóngxué hé lǎoshī zhème

热情地欢送我们，
rèqíng de huānsòng wǒmen,

真不知道说什么好。
zhēn bù zhīdào shuō shénme hǎo.

TO GIVE A FAREWELL DINNER

刘京：祝贺你们取得了好成绩。
Liú Jīng: Zhùhè nǐmen qǔdé le hǎo chéngjì.

王兰：祝你们更快地提高中文水平。
Wáng Lán: Zhù nǐmen gèng kuài de tígāo Zhōngwén shuǐpíng.

三 替换与扩展 Substitution and Extension

替换 Substitution

(1) 回国的日子越来越近了。

他的发音	好
旅游的人	多
他的技术水平	高
北京的天气	暖和

(2) 虽然时间不长，但是我们的友谊很深。

年纪很大	身体很好
路比较远	交通比较方便
学习的时间很短	提高得很快

(3) 我们把通讯地址都留在本子上了。

字	写	黑板上
自行车	放	礼堂右边
地图	挂	墙上
通知	贴	黑板左边

37 真舍不得你们走 WE ARE SORRY TO LET YOU GO

扩展 Extension

(1) 他除了英语以外，别的语言都不会。
　　Tā chúle Yīngyǔ yǐwài, bié de yǔyán dōu bú huì.

(2) 这次篮球赛非常精彩，你没去看，真可惜。
　　Zhè cì lánqiú sài fēicháng jīngcǎi, nǐ méi qù kàn, zhēn kěxī.

四 生词 New Words

1	越来越……	yuè lái yuè……		more and more
2	虽然……但是……	suīrán…… dànshì……		though
3	深	shēn	形	deep, profound
4	通讯	tōngxùn	名	communication
5	地址	dìzhǐ	名	address
6	留	liú	动	to keep sth. for, to leave sth. for
7	实习	shíxí	动	to do field practice, to practise
8	该	gāi	动	to take turns
9	舍不得	shěbudé	动	to hate to part with…
10	欢送会	huānsònghuì	名	farewell party
11	节目	jiémù	名	program
12	精彩	jīngcǎi	形	excellent, brilliant
13	热情	rèqíng	形	enthusiastic, warm
14	欢送	huānsòng	动	to send off, to see off
15	取得	qǔdé	动	to achieve

16	旅游	lǚyóu	动	to travel
17	水平	shuǐpíng	名	level
18	年纪	niánjì	名	age
19	黑板	hēibǎn	名	blackboard
20	右边	yòubian	名	the right side
21	墙	qiáng	名	wall
22	贴	tiē	动	to stick, to paste, to put up
23	左边	zuǒbian	名	the left side

五 语法 Grammar

1. "虽然……但是……"复句　The complex sentence with "虽然……但是……"

关联词"虽然"和"但是（可是）"可以构成表示转折关系的复句。"虽然"放在第一分句的主语前或主语后，"但是（可是）"放在第二分句句首。例如：

The conjunctions "虽然" and "但是" (or "可是") may be used to form a complex sentence denoting a transitional relationship. "虽然" is put before or after the subject in the first clause, while "但是" (or "可是") is placed at the beginning of the second clause, e.g.

① 虽然下雪，但是天气不太冷。

② 今天我虽然很累，但是玩儿得很高兴。

③ 虽然他没来过北京，可是对北京的情况知道得很多。

2. "把"字句（2）　The "把" sentence (2)

（1）如果要说明受处置的事物或人通过动作处于某处，必须用"把"字句。例如：

The "把" sentence is used if one wants to show that a thing or a person which is disposed through the action denoted by the verb has reached a certain place, e.g.

37 真舍不得你们走 WE ARE SORRY TO LET YOU GO

① 我们把通讯地址留在本子上了。
② 我把啤酒放进冰箱里了。
③ 他把汽车开到学校门口了。

（2）说明受处置的事物通过动作交给某一对象时，在一定条件下也要用"把"字句。例如：
In some circumstances, the "把" sentence should also be used if one wants to show the change of hands of something from one person to another, e.g.

④ 我把钱交给那个售货员了。
⑤ 把这些饺子留给大卫吃。

六 练习 Exercises

1. 选词填空 Fill in the blanks with the words given

> 舍不得　　精彩　　该　　机会　　留　　热情

（1）昨天的游泳比赛很＿＿＿＿＿，运动员的水平很高。
（2）我都站了一个小时了，现在我们＿＿＿＿＿坐一会儿了。
（3）来中国学习是很好的＿＿＿＿＿，我一定好好儿学习。
（4）我的通讯地址给你＿＿＿＿＿了吧？
（5）那个饭店的服务员很＿＿＿＿＿。
（6）这块蛋糕她＿＿＿＿＿吃，因为妹妹喜欢吃，她要留给妹妹。

2. 仿照例子，用"越来越……"改写句子 Rewrite the following sentences with "越来越……" by following the model

例 Example　刚才雪很大，现在更大。→ 雪（下得）越来越大了。

（1）冬天快过去了，天气慢慢地暖和了。
→ _____

（2）他的汉语比刚来的时候好了。
→ _____

（3）张老师的小女儿一年比一年漂亮。
→ _____

（4）参加欢送会的人比刚开始的时候多了。
→ _____

（5）大家讨论以后，这个问题比以前清楚了。
→ _____

3. 用所给词语造"把"字句 Make sentences with "把" by using the words given

例 Example 汽车　停　九号楼前边 → 他把汽车停在九号楼前边了。

（1）名字　写　本子上 → _____
（2）词典　放　桌子上 → _____
（3）钱包　忘　家里 → _____
（4）衬衫　挂　衣柜里 → _____

4. 完成对话 Complete the following conversation

A：小张，你要去法国留学了，祝你顺利！
B：祝你学习_____！
张：谢谢你们！为_____干杯！
A：_____。
张：我一到那儿就给你们打电话。
B：_____。
张：我一定注意身体。谢谢！

37 真舍不得你们走 WE ARE SORRY TO LET YOU GO

5. 会话 Make a dialogue

说说开茶话会欢送朋友回国的情况。
Say something about the tea party held to give a send-off to your friend going back to his country.

提示 一边喝茶一边谈话，你对朋友说些什么，朋友说些什么。
Suggested points You had a chat over a cup of tea. What did you say to your friend? What did your friend say to you in return?

6. 听后复述 Listen and retell

我在这儿学了三个月汉语，下星期一要回国了。虽然我在中国的时间不长，可是认识了不少中国朋友和别的国家的朋友。我们的友谊越来越深。我真舍不得离开他们。要是以后有机会，我一定会再来中国。

7. 语音练习 Phonetic drills

(2) 朗读会话 Read aloud the conversation

A: Míngtiān wǒmen gěi Lǐ Hóng kāi ge huānsònghuì ba.

B: Duì, tā chū guó shíjiān bǐjiào cháng.

C: Děi zhǔnbèi yìxiē shuǐguǒ hé lěngyǐn.

A: Bié wàng le zhào xiàng.

B: Yě bié wàng le liú tā de tōngxùn dìzhǐ.

TO GIVE A FAREWELL DINNER 175

38 这儿托运行李吗

IS THIS THE PLACE FOR CHECKING LUGGAGE

一 句子 Sentences

277 邮局寄不但太贵，而且这么大的行李也不能寄。
Yóujú jì búdàn tài guì, érqiě zhème dà de xíngli yě bù néng jì.
It is not only too expensive to send it by post, but also not possible to send such a big piece of luggage.

278 我记不清楚了。 I can't remember it clearly.
Wǒ jì bu qīngchu le.

279 我想起来了。① Now I can remember it.
Wǒ xiǎng qilai le.

280 我打听一下儿，这儿托运行李吗？
Wǒ dǎting yíxiàr, zhèr tuōyùn xíngli ma?
Can you tell me if we can check our luggage here?

281 运费怎么算？
Yùnfèi zěnme suàn?
How do you calculate the cost of transportation?

38 这儿托运行李吗 IS THIS THE PLACE FOR CHECKING LUGGAGE

282 按照这个价目表收费。
Ànzhào zhè ge jiàmùbiǎo shōu fèi.
You should pay according to this price list.

283 你可以把东西运来。
Nǐ kěyǐ bǎ dōngxi yùn lai.
You may ship your luggage here.

284 我的行李很大，一个人搬不动。
Wǒ de xíngli hěn dà, yí ge rén bān bu dòng.
My luggage is so big that I can't carry it myself.

二 会话 Conversations

1

刘京： 你这么多行李，坐飞机的话，一定超重。
Liú Jīng: Nǐ zhème duō xíngli, zuò fēijī de huà, yídìng chāo zhòng.

和子： 那怎么办？
Hézǐ: Nà zěnme bàn?

王兰： 邮局寄不但太贵，而且
Wáng Lán: Yóujú jì búdàn tài guì, érqiě

　　　 这么大的行李也不能寄。
　　　 zhème dà de xíngli yě bù néng jì.

刘京： 可以海运。
Liú Jīng: Kěyǐ hǎiyùn.

和子： 海运要多长时间？
Hézǐ: Hǎiyùn yào duō cháng shíjiān?

刘京：我记不清楚了，我们可以去托运公司问问。
Liú Jīng: Wǒ jì bu qīngchu le, wǒmen kěyǐ qù tuōyùn gōngsī wènwen.

王兰：啊，我想起来了，去年李成日也
Wáng Lán: À, wǒ xiǎng qilai le, qùnián Lǐ Chéngrì yě

托运过。
tuōyùn guo.

和子：那好，明天我去问一下儿。
Hézǐ: Nà hǎo, míngtiān wǒ qù wèn yíxiàr.

2

和子：我打听一下儿，这儿托运行李吗？
Hézǐ: Wǒ dǎting yíxiàr, zhèr tuōyùn xíngli ma?

服务员：托运。你要运到哪儿？
Fúwùyuán: Tuōyùn. Nǐ yào yùn dào nǎr?

和子：日本。要多长时间？
Hézǐ: Rìběn. Yào duō cháng shíjiān?

服务员：大概一个多月。
Fúwùyuán: Dàgài yí ge duō yuè.

和子：运费怎么算？
Hézǐ: Yùnfèi zěnme suàn?

服务员：按照这个价目表收费。你可以把东西
Fúwùyuán: Ànzhào zhè ge jiàmùbiǎo shōu fèi. Nǐ kěyǐ bǎ dōngxi

运来。
yùn lai.

和子：我的行李很大，一个人搬不动。
Hézǐ: Wǒ de xíngli hěn dà, yí ge rén bān bu dòng.

38 这儿托运行李吗 IS THIS THE PLACE FOR CHECKING LUGGAGE

服务员：没关系，为了方便顾客，
Fúwùyuán: Méi guānxi, wèile fāngbiàn gùkè,

我们也可以去取。
wǒmen yě kěyǐ qù qǔ.

和子：那太麻烦你们了。
Hézǐ: Nà tài máfan nǐmen le.

注释 Note

❶ 我想起来了。 Now I can remember it.
指遗忘的事通过回忆在脑子中浮现出来。
It means "to call something to memory".

三 替换与扩展 Substitution and Extension

替换 Substitution

(1) 坐飞机的话，
    你的行李
    一定超重。

上高速公路	你们	要注意安全
坐软卧	她们	觉得很舒服
寄包裹	你	要包好
放假	他们	去旅行

(2) 我记不清楚了。

做完	洗干净
搬动	去了

SHIPMENT 179

（3）你可以把<u>东西</u> <u>运来</u>。

王大夫	请来
这个包	带去
修好的手表	取来

扩展 Extension

（1）一个月的水费、电费、房费不少。
　　　Yí ge yuè de shuǐfèi、diànfèi、fángfèi bù shǎo.

（2）我 想 起 来 了，这 个 人 是 成日，以 前
　　　Wǒ xiǎng qilai le, zhè ge rén shì Chéngrì, yǐqián
　　我 在 国 际 交 流 中 心 见 过 他。
　　wǒ zài Guójì Jiāoliú Zhōngxīn jiàn guo tā.

（3）我 打听 一下儿，星期六 大使馆 办公 不 办公？
　　　Wǒ dǎting yíxiàr, xīngqīliù dàshǐguǎn bàn gōng bu bàn gōng?

四 生词 New Words

1	打听	dǎting	动	to inquire about
2	托运	tuōyùn	动	to consign for transportation
3	不但…… 而且……	búdàn…… érqiě……		not only...but also...
4	起来	qǐ lai		used after a verb to indicate the completion of an action or attainment of a goal
5	运费	yùnfèi	名	transportation expense
6	算	suàn	动	to calculate
7	按照	ànzhào	介	by, according to
8	价目表	jiàmùbiǎo	名	price list

38 这儿托运行李吗 IS THIS THE PLACE FOR CHECKING LUGGAGE

9	运	yùn	动	to transport
10	搬	bān	动	to remove, to move, to carry
11	动	dòng	动	to move
12	的话	dehuà	助	*modal particle used at the end of a conditional clause*
13	超重	chāo zhòng		to be overweight
14	海运	hǎiyùn	动	to transport by sea
15	为了	wèile	介	for, in order to
16	顾客	gùkè	名	customer, shopper, patron
17	取	qǔ	动	to get, to claim
18	高速公路	gāosù gōnglù		expressway
19	包裹	bāoguǒ	名	parcel
20	国际	guójì	形	international
21	交流	jiāoliú	动	to exchange
22	中心	zhōngxīn	名	centre
23	大使馆	dàshǐguǎn	名	embassy
24	办公	bàn gōng		to handle official business

五 语法 Grammar

1. "不但……而且……" 复句   The complex sentence with "不但……而且……"

"不但……而且……"表示递进关系。如果两个复句的主语相同，"不但"放在第一分句的主语之后；如果两个分句的主语不同，"不但"放在第一分句的主语之前。例如：

"不但……而且……" indicates a further development in meaning in the second clause from what is stated in the first one. If the two clauses have the same subject, "不但" is put after the subject of the first clause; if they have different subjects, "不但" is put before the subject of the first clause, e.g.

① 他不但是我的老师，而且也是我的朋友。

② 这个行李不但大，而且很重。

③ 不但他会英语，而且小王和小李也会英语。

2. 能愿动词在"把"字句中的位置　The position of modal verbs in the "把" sentence

能愿动词都放在介词"把"的前边。例如：
As a rule, modal verbs precede the preposition "把", e.g.

① 我可以把照相机带来。

② 晚上有大风，应该把窗户关好。

3. "动"作可能补语　The verb "动" as a complement of potential

动词"动"作可能补语，表示有力量做某事。例如：
The verb "动" as a complement of potential denotes that one is capable of doing something, e.g.

① 这只箱子不重，我拿得动。

② 走了很多路，我现在走不动了。

③ 这个行李太重了，一个人搬不动。

六　练习　Exercises

1. 用动词加可能补语填空　Fill in the blanks with the appropriate verbs plus complements of potential

（1）天太黑，我＿＿＿＿＿黑板上的字。

（2）这张桌子很重，我一个人＿＿＿＿＿。

38 这儿托运行李吗 IS THIS THE PLACE FOR CHECKING LUGGAGE

（3）我的中文水平不高，还＿＿＿＿＿＿中文报。

（4）从这儿海运到东京，一个月＿＿＿＿＿＿吗？

（5）这本小说，你一个星期＿＿＿＿＿＿吗？

（6）我们只见过一面，他的名字我＿＿＿＿＿＿。

2. 用"不但……而且……"完成句子　Complete the following sentences with "不但……而且……"

（1）那儿不但名胜古迹很多，＿＿＿＿＿＿。

（2）抽烟＿＿＿＿＿＿，而且对别人的身体也不好。

（3）他不但会说汉语，＿＿＿＿＿＿。

（4）昨天在欢送会上不但＿＿＿＿＿＿，而且别的班的同学也都演了节目。

3. 用"为了"完成句子　Complete the following sentences with "为了"

（1）＿＿＿＿＿＿，我要去旅行。

（2）＿＿＿＿＿＿，我们要多听多说。

（3）＿＿＿＿＿＿，你别骑快车了。

（4）＿＿＿＿＿＿，我买了一张画儿。

4. 完成对话　Complete the following conversation

A：＿＿＿＿＿＿？

B：我去托运行李。

A：＿＿＿＿＿＿？

B：运到上海。

A：＿＿＿＿＿＿？

B：七八天。

A：运费贵吗？

B：_____。

A：你拿得动吗？要不要我帮忙？

B：_____。

5. 会话 Make a dialogue

去邮局寄包裹。与营业员对话。

You went to a post office to mail a parcel to somebody and had a conversation with a post office employee.

提示 东西是不是超重、邮费是多少、多长时间能到。

Suggested points You asked if your parcel was overweight, what the postage was and how long it would take to get there.

6. 听后复述 Listen and retell

小刘要去韩国，他不知道可以托运多少行李。小张去过法国，去法国和去韩国一样，可以托运二十公斤（gōngjīn, kilogram），还可以带一个五公斤的小包。小刘东西比较多，从邮局寄太贵。小张让他海运，海运可以寄很多，而且比较便宜。小刘觉得这是个好主意（zhúyi/zhǔyi, idea）。

7. 语音练习 Phonetic drills

(1) 常用音节练习 Drills on the frequently used syllables

38 这儿托运行李吗 IS THIS THE PLACE FOR CHECKING LUGGAGE

(2) 朗读会话 Read aloud the conversation

A: Xiǎojiě, wǒ yào jì shū, hǎiyùn.

B: Wǒ kànkan. À, chāo zhòng le.

A: Yì bāo kěyǐ jì duōshao?

B: Wǔ gōngjīn.

A: Wǒ ná chū jǐ běn lai ba.

B: Hǎo.

39 不能送你去机场了
送行（1） sòngxíng
TO SEE SOMEONE OFF
I CAN'T GO TO THE AIRPORT TO SEE YOU OFF

一 句子 Sentences

285 你准备得怎么样了？ Are you ready?
Nǐ zhǔnbèi de zěnmeyàng le?

286 你还有什么没办的事，我可以替你办。
Nǐ hái yǒu shénme méi bàn de shì, wǒ kěyǐ tì nǐ bàn.
If you have anything to attend to, I can take care of it.

287 这几本书我想送给朋友，来不及叫快递了。
Zhè jǐ běn shū wǒ xiǎng sòng gěi péngyou, lái bu jí jiào kuàidì le.
I have got some books for my friends, but I have got no time to arrange the express delivery.

288 我正等着你呢！ I am just waiting for you.
Wǒ zhèng děng zhe nǐ ne!

289 你的东西收拾好了吗？
Nǐ de dōngxi shōushi hǎo le ma?
Have you got your things ready?

39 不能送你去机场了   I CAN'T GO TO THE AIRPORT TO SEE YOU OFF

290   出门跟在家不一样①，麻烦事就是多。
Chū mén gēn zài jiā bù yíyàng, máfan shì jiù shì duō.
Going on a trip is not like staying at home, and you'll certainly have more problems to solve.

291   四个小包不如两个大包好。
Sì ge xiǎo bāo bùrú liǎng ge dà bāo hǎo.
Four small parcels are not as convenient as two big parcels.

292   又给你添麻烦了。 I am sorry to trouble you again.
Yòu gěi nǐ tiān máfan le.

 会话 Conversations

1

王兰 Wáng Lán: 准备得怎么样了？
Zhǔnbèi de zěnmeyàng le?

玛丽 Mǎlì: 我正收拾东西呢。
Wǒ zhèng shōushi dōngxi ne.

你看，多乱啊！
Nǐ kàn, duō luàn a!

王兰 Wáng Lán: 路上要用的东西放在手提包里，这样用起来方便②。
Lù shang yào yòng de dōngxi fàng zài shǒutíbāo li, zhèyàng yòng qilai fāngbiàn.

玛丽：对。我随身带的东西不太多，两个箱子
Mǎlì: Duì. Wǒ suíshēn dài de dōngxi bú tài duō, liǎng ge xiāngzi

都已经托运了。
dōu yǐjīng tuōyùn le.

王兰：真抱歉，我不能送你去机场了。
Wáng Lán: Zhēn bàoqiàn, wǒ bù néng sòng nǐ qù jīchǎng le.

玛丽：没关系。你忙吧。
Mǎlì: Méi guānxi. Nǐ máng ba.

王兰：你还有什么没办的事，我可以替你办。
Wáng Lán: Nǐ hái yǒu shénme méi bàn de shì, wǒ kěyǐ tì nǐ bàn.

玛丽：这几本书我想送给朋友，来不及叫
Mǎlì: Zhè jǐ běn shū wǒ xiǎng sòng gěi péngyou, lái bu jí jiào

快递了。
kuàidì le.

王兰：发短信或者微信把地址告诉我，我帮
Wáng Lán: Fā duǎnxìn huòzhě wēixìn bǎ dìzhǐ gàosu wǒ, wǒ bāng

你快递给她。
nǐ kuàidì gěi tā.

2

大卫：你来了，我正等着你呢！
Dàwèi: Nǐ lái le, wǒ zhèng děng zhe nǐ ne!

刘京：你的东西收拾好了吗？
Liú Jīng: Nǐ de dōngxi shōushi hǎo le ma?

大卫：马马虎虎。这次又坐火车又坐飞机，特别
Dàwèi: Mǎmahūhū. Zhè cì yòu zuò huǒchē yòu zuò fēijī, tèbié

麻烦。
máfan.

39 不能送你去机场了 I CAN'T GO TO THE AIRPORT TO SEE YOU OFF

刘京：是啊，出门跟在家不一样，麻烦事就
Liú Jīng: Shì a, chū mén gēn zài jiā bù yíyàng, máfan shì jiù

是多。这几个包都是要带走的吗？
shì duō. Zhè jǐ ge bāo dōu shì yào dài zǒu de ma?

大卫：是的，都很轻。
Dàwèi: Shì de, dōu hěn qīng.

刘京：四个小包不如两个大包好。
Liú Jīng: Sì ge xiǎo bāo bùrú liǎng ge dà bāo hǎo.

大卫：好主意！
Dàwèi: Hǎo zhúyi!

刘京：我帮你重新弄弄吧。
Liú Jīng: Wǒ bāng nǐ chóngxīn nòngnong ba.

大卫：又给你添麻烦了。
Dàwèi: Yòu gěi nǐ tiān máfan le.

刘京：哪儿的话。
Liú Jīng: Nǎr de huà.

大卫：另外，要是有我的信，请转给我。
Dàwèi: Lìngwài, yàoshi yǒu wǒ de xìn, qǐng zhuǎn gěi wǒ.

刘京：没问题。
Liú Jīng: Méi wèntí.

注释 Notes

❶ 出门跟在家不一样。 Going on a trip is not like staying at home.
这里的"出门"是指离家远行。
"出门" here means that one journeys far away from home.

❷ 这样用起来方便。 It will be convenient to use in this way.
"用起来"的意思是"用的时候"。
"用起来" means "when using it".

三 替换与扩展 Substitution and Extension

替换 Substitution

(1) 星期六或者星期天我<u>替</u>你去<u>取照片</u>。

哥哥	我	报名
我	妈妈	接人
我	朋友	交电费

(2) <u>四个小包</u>不如<u>两个大包</u>好。

这种鞋	那种鞋	结实
这条街	那条街	安静
这种茶	那种茶	好喝

(3) 你还有什么没办的事，我可以<u>替你办</u>。

不了解的情况	给你介绍
不懂的词	帮你翻译
没买的东西	帮你买

扩展 Extension

(1) 我 走 进 病 房 看 他 的 时 候， 他 正 安 静 地
    Wǒ zǒu jìn bìngfáng kàn tā de shíhou, tā zhèng ānjìng de
    躺 着 呢。
    tǎng zhe ne.

(2) 离 开 车 还 有 十 分 钟， 我 来 不 及 回 去 拿 手 机
    Lí kāi chē hái yǒu shí fēnzhōng, wǒ lái bu jí huí qu ná shǒujī
    了， 麻 烦 你 替 我 关 一 下 儿。
    le, máfan nǐ tì wǒ guān yíxiàr.

39 不能送你去机场了 I CAN'T GO TO THE AIRPORT TO SEE YOU OFF

四 生词 New Words

1	替	tì	介	for
2	叫	jiào	动	to hire, to order
3	快递	kuàidì	名	express delivery
4	不如	bùrú	动	not as good as, can't compare with
5	添	tiān	动	to add
6	乱	luàn	形	disordered, chaotic
7	手提包	shǒutíbāo	名	handbag
8	随身	suíshēn	形	carry-on
9	或者	huòzhě	连	or
10	特别	tèbié	副	especially
11	轻	qīng	形	light
12	主意	zhúyi/zhǔyi	名	idea
13	重新	chóngxīn	副	again
14	另外	lìngwài	连/副	moreover, besides; additional
15	转	zhuǎn	动	to pass to
16	报名	bào míng		to report, to register
17	鞋	xié	名	shoes
18	结实	jiēshi	形	solid, durable
19	街	jiē	名	street
20	安静	ānjìng	形	quiet
21	了解	liǎojiě	动	to know, to understand
22	病房	bìngfáng	名	ward of a hospital

TO SEE SOMEONE OFF 191

五 语法 Grammar

1. 动作的持续与进行 The continuation and progression of an action

动作的持续一般也就意味着动作正在进行,所以"着"常和"正在""正""在""呢"等词连用。例如:

The continuation of an action normally means that the action is going on right now. Therefore, "着" is usually used together with such words as "正在", "正", "在", "呢", e.g.

① 我正等着你呢。　　　② 外边下着雨呢。
③ 我去的时候,他正躺着看杂志呢。

2. 用"不如"表示比较 The use of "不如" for comparison

"A 不如 B"的意思是"A 没有 B 好"。例如:
"A 不如 B" means "A is not as good as B", e.g.

① 我的汉语水平不如他高。　　② 这个房间不如那个房间干净。

六 练习 Exercises

1. 用"还是"或"或者"填空 Fill in the blanks with "还是" or "或者"

(1) 你这星期走_____下星期走?
(2) 你坐飞机去_____坐火车去?
(3) 今天_____明天,我去看你。
(4) 这次旅行,我们先去上海_____先去桂林?
(5) 我们走着去_____骑自行车去,别坐公共汽车,公共汽车人太多。
(6) 现在,我们收拾行李_____去和同学们告别?

39 不能送你去机场了　I CAN'T GO TO THE AIRPORT TO SEE YOU OFF

2. 用 "不如" 改写下面的句子　Rewrite the following sentences with "不如"

(1) 她的手提包比我的漂亮。

→ _____

(2) 北京的春天冷，我们那儿的春天暖和。

→ _____

(3) 那个公园的人太多，这个公园安静。

→ _____

(4) 你的主意好，小王的主意不太好。

→ _____

3. 用 "替" 完成句子　Complete the following sentences with "替"

(1) 今天有我一个包裹，可是现在我有事。你去邮局的话，请 _____，好吗？

(2) 我也喜欢这种糖，你去买东西的时候，_____。

(3) 现在我出去一下儿，要是有电话来 _____。

(4) 我头疼，不去上课了，你看见老师的时候，_____。

4. 完成对话　Complete the following conversation

A：小刘，你去广州出差，_____？

刘：是的，_____？

B：没事。广州比这儿热得多，你要 _____！

刘：谢谢！_____，给你们带一些水果。

A：不用了，这儿 _____。

刘：不一样，这儿的 _____新鲜 (xīnxiān, fresh)。

B：那先谢谢你了！

5. 会话 Make a dialogue

你的中国朋友要去你们国家留学，你去宿舍看他/她，两人会话。
Your Chinese friend is going to study in your country. You called on him/her in the dormitory and had a conversation with him/her.

提示 准备的情况怎样，需要什么帮助，介绍你们国家的一些情况。
Suggested points You asked him/her if he/she had got everything ready and what kind of help he/she might need. You also told him/her something about your country.

6. 听后复述 Listen and retell

尼娜今天要回国，我们去她的宿舍看她。她把行李都收拾好了，正等出租车呢。我看见墙上还挂着她的大衣，问她是不是忘了，她说不是，走的时候再穿。问她没用完的人民币换了没有，她说到机场换。这样我们就放心了。出租车一到，我们就帮她拿行李，送她上了车。

7. 语音练习 Phonetic drills

(1) 常用音节练习 Drills on the frequently used syllables

(2) 朗读会话 Read aloud the conversation

A: À, nǐmen dōu zài zhèr ne!

B: Wǒmen yě shì gāng lái.

C: Nǐmen dōu lái gěi wǒ sòng xíng, zhēn guò yì bú qù.

B: Lǎo péngyou bù néng bú sòng.

A: Shì a, zhēn shěbudé nǐ.

C: Xièxie dàjiā.

A、B: Zhù nǐ yílù (all the way) shùnlì!

sòngxíng
送行（2）
TO SEE SOMEONE OFF

40 祝你一路平安
HAVE A PLEASANT JOURNEY

一 句子 Sentences

293 离起飞还早呢。
Lí qǐfēi hái zǎo ne.
There is plenty of time before the take-off.

294 你快坐下，喝点儿冷饮吧。
Nǐ kuài zuò xia, hē diǎnr lěngyǐn ba.
Please sit down and have a cold drink.

295 你没把护照放在箱子里吧？
Nǐ méi bǎ hùzhào fàng zài xiāngzi li ba?
You didn't put your passport in the suitcase, did you?

296 一会儿还要办出境手续呢。
Yìhuǐr hái yào bàn chū jìng shǒuxù ne.
In a moment I'll go through exit formalities.

297 一路上多保重。
Yílù shang duō bǎozhòng.
Take good care of yourself on the trip.

298 希望你常跟我们联系。
Xīwàng nǐ cháng gēn wǒmen liánxì.
I wish you would often get in touch with us.

299 你可别把我们忘了。 Never forget us.
Nǐ kě bié bǎ wǒmen wàng le.

300 我到了那儿，就给你们发微信。
Wǒ dào le nàr, jiù gěi nǐmen fā wēixìn.
I'll text WeChat to you as soon as I get there.

301 祝你一路平安！ I wish you a pleasant journey.
Zhù nǐ yílù píng'ān!

二 会话 Conversations

1

刘京： 离起飞还早呢。
Liú Jīng: Lí qǐfēi hái zǎo ne.

玛丽： 我们去候机室坐一会儿。
Mǎlì: Wǒmen qù hòujīshì zuò yìhuǐr.

王兰： 张丽英还没来。
Wáng Lán: Zhāng Lìyīng hái méi lái.

刘京： 你看，她跑来了。
Liú Jīng: Nǐ kàn, tā pǎo lai le.

丽英： 车太挤，耽误了时间，我来晚了。
Lìyīng: Chē tài jǐ, dānwu le shíjiān, wǒ lái wǎn le.

刘京： 不晚，你来得正合适。
Liú Jīng: Bù wǎn, nǐ lái de zhèng héshì.

王兰： 哎呀，你跑得都出汗了。
Wáng Lán: Āiyā, nǐ pǎo de dōu chū hàn le.

40 祝你一路平安 HAVE A PLEASANT JOURNEY

玛丽： 快坐下，喝点儿冷饮吧。
Mǎlì: Kuài zuò xia, hē diǎnr lěngyǐn ba.

刘京： 你没把护照放在箱子里吧？
Liú Jīng: Nǐ méi bǎ hùzhào fàng zài xiāngzi li ba?

玛丽： 我随身带着呢。
Mǎlì: Wǒ suíshēn dài zhe ne.

王兰： 你该进去了。
Wáng Lán: Nǐ gāi jìn qu le.

丽英： 一会儿还要办出境手续呢。
Lìyīng: Yìhuǐr hái yào bàn chū jìng shǒuxù ne.

2

王兰： 给你行李，拿好。准备海关检查。
Wáng Lán: Gěi nǐ xíngli, ná hǎo. Zhǔnbèi hǎiguān jiǎnchá.

丽英： 一路上多保重。
Lìyīng: Yílù shang duō bǎozhòng.

刘京： 希望你常跟我们联系。
Liú Jīng: Xīwàng nǐ cháng gēn wǒmen liánxì.

王兰： 你可别把我们忘了。
Wáng Lán: Nǐ kě bié bǎ wǒmen wàng le.

玛丽： 不会的。我到了那儿
Mǎlì: Bú huì de. Wǒ dào le nàr

　　　 就给你们发微信。
　　　 jiù gěi nǐmen fā wēixìn.

刘京： 向你全家人问好！
Liú Jīng: Xiàng nǐ quán jiā rén wèn hǎo!

王兰： 问安妮小姐好！
Wáng Lán: Wèn Ānnī xiǎojiě hǎo!

大家：祝你一路平安！
Dàjiā: Zhù nǐ yílù píng'ān!

玛丽：再见了！
Mǎlì: Zàijiàn le!

大家：再见！
Dàjiā: Zàijiàn!

三 替换与扩展 Substitution and Extension

替换 Substitution

(1) 你没把<u>护照</u>放在<u>箱子里</u>吧?

帽子	忘	汽车上
钥匙	锁	房间里
牛奶	放	冰箱里

(2) 你可别把<u>我们</u> <u>忘</u>了。

这件事	耽误
这支笔	丢
那句话	忘

(3) 希望你<u>常来信</u>。

认真学习
好好考虑
继续进步
努力工作

40 祝你一路平安 HAVE A PLEASANT JOURNEY

扩展 Extension

(1) 今天我们下了班就去看展览了。
    Jīntiān wǒmen xià le bān jiù qù kàn zhǎnlǎn le.

(2) 昨天我没上班，我去接朋友了。我去
    Zuótiān wǒ méi shàng bān, wǒ qù jiē péngyou le. Wǒ qù
    的时候，他正在办入境手续。
    de shíhou, tā zhèngzài bàn rù jìng shǒuxù.

四 生词 New Words

1	冷饮	lěngyǐn	名	cold drink
2	出境	chū jìng		to leave the country
3	一路	yílù	名	all the way
4	保重	bǎozhòng	动	to take care
5	希望	xīwàng	动/名	to hope; wish
6	可	kě	副	*used for emphasis*
7	平安	píng'ān	形	safe
8	候机室	hòujīshì	名	airport lounge
9	跑	pǎo	动	to run
10	挤	jǐ	形/动	crowded, jammed; to squeeze
11	耽误	dānwu	动	to delay
12	合适	héshì	形	proper
13	汗	hàn	名	sweat
14	海关	hǎiguān	名	customs

15	问好	wèn hǎo		to greet, to ask after
16	帽子	màozi	名	cap, hat
17	牛奶	niúnǎi	名	milk
18	认真	rènzhēn	形	careful, conscientious, earnest
19	考虑	kǎolǜ	动	to think
20	进步	jìnbù	动	to make progress
21	努力	nǔlì	形	hardworking, industrious
22	下班	xià bān		hardworking, industrious
23	展览	zhǎnlǎn	动/名	to exhibit; exhibition
24	上班	shàng bān		to go to work
25	入境	rù jìng		to enter a country

专名 Proper Noun

安妮	Ānnī	Anne

五 语法 Grammar

1. "把"字句（3） The "把" sentence (3)

（1）"把"字句的否定形式是在"把"之前加否定副词"没"或"不"。例如：
The negative sentence with "把" is formed by putting the negative adverb "没" or "不" before "把", e.g.

① 安娜没把这课练习做完。

② 他没把那件事告诉小张。

③ 今天晚上不把这本小说看完，我就不休息。

④ 你不把书带来怎么上课？

（2）如有时间状语，也必须放在"把"之前。例如：
If an adverbial of time is needed, it should also be placed before "把", e.g.

⑤ 我明天一定把照片带来。

⑥ 小王昨天没把开会的时间通知大家。

2. "……了……就……"　no sooner...than...

表示一个动作完成紧接着发生第二个动作。例如：
It indicates that one action takes place immediately after another, e.g.

① 昨天我们下了课就去参观了。

② 他吃了饭就去外边散步了。

③ 明天我吃了早饭就去公园。

六 练习 Exercises

1. 熟读下列短语并选择几个造句　Read up on the following expressions and make sentences with some of them

耽误学习	进步很大	很合适	努力工作
耽误时间	有进步	不合适	很努力
耽误了两天课	学习进步	合适的时间	继续努力

2. 用"希望"完成句子 Complete the following sentences with "希望"

(1) 这次考试_____。

(2) 你回国以后_____。

(3) 你在医院要听大夫的话,好好儿休息。_____。

(4) 爸爸妈妈都_____。

(5) 我第一次来中国,_____。

(6) 这次旅行_____。

3. 给下面的词语选择适当的位置 Insert the given words into the following sentences at the suitable places

(1) 她昨天 A 把 B 练习 C 做完。(没)

(2) 他 A 今天晚上 B 把这张画儿 C 画完,就不休息。(不)

(3) 昨天我们下 A 课 B 就去 C 参观 D。(了)

(4) 他每天吃 A 饭 B 就去 C 外边散步。(了)

4. 选择适当的词语填空 Fill in the blanks with appropriate words and phrases from those given below

| 平安　特别　一边……一边……　演　替　为　希望　要……了 |

尼娜_____回国_____,我们_____她开了一个欢送会。那天_____热闹,同学们_____谈话_____喝茶,还_____了不少节目。我们说_____她回国以后常来信,而且_____我们向她全家问好,祝她一路_____。

5. 完成对话 Complete the following conversation

A：小李,你这次出差去多长时间?

B：_____。

A：出差很累，你要＿＿＿＿＿＿＿＿＿＿＿＿。

B：谢谢，我一定注意。你要买什么东西吗？

A：不买。太麻烦了。

B：＿＿＿＿＿＿＿＿＿＿＿＿，我可以顺便给你带回来。

A：不用了。祝你＿＿＿＿＿＿＿＿＿＿＿＿！

B：谢谢！

6. 会话 Make a dialogue

谈谈你来中国的时候，朋友或家里人给你送行的情况。
Say something about the send-off your friends or family gave you when you were leaving for China.

7. 听后复述 Listen and retell

妹妹这一次出远门，要到英国（Yīngguó, Britain）去留学。我们全家送她到机场。她有两件行李，我和爸爸替她拿。妈妈很不放心，让她路上要注意安全，别感冒，到了英国就来电话，把那儿的情况告诉我们。爸爸说妈妈说得太多了，妹妹已经不是小孩子了，应该让她到外边锻炼锻炼。妈妈说："俗话（súhuà, folksay）说，'儿行千里母担忧'（ér xíng qiānlǐ mǔ dānyōu, the mother worries for her child bound for far off land）。孩子到那么远的地方去，我当然不放心。怎么能不说呢？"

8. 语音练习 Phonetic drills

(1) 常用音节练习 Drills on the frequently used syllables

(2) 朗读会话 Read aloud the conversation

A: Kàn yíxiàr nín de hùzhào hé jīpiào.

B: Zěnme tuōyùn xíngli?

A: Nín xiān tián yíxiàr zhè zhāng biǎo.

B: Tián wán le.

A: Gěi nín hùzhào hé jīpiào, nín kěyǐ qù tuōyùn xíngli le.

B: Hǎo, xièxie!

复习（八）
REVIEW (VIII)

一 会 话 Conversations

1

〔汉斯（Hànsī, Hans）和小王是好朋友。现在汉斯要回国了，小王送他到火车站〕

王：我们进站去吧。

汉斯：你就送到这儿，回去吧。

王：不，我已经买了站台（zhàntái, platform）票了。来，你把箱子给我，我帮你拿。

汉斯：我拿得动。

王：别客气。你拿手提包，我拿箱子。你看，这就是国际列车（guójì lièchē, international train）。

汉斯：我在9号车厢（chēxiāng, railway car）。

王：前边的车厢就是。

2

王：汉斯，箱子放在行李架（xínglijià, luggage rack）上。

汉斯：这个手提包也要放在行李架上吗？

王：这个包放在座位下边，拿东西方便一些。

汉斯：现在离开车还早，你坐一会儿吧。

王：你的护照放在身边没有？

汉斯：哟（yō, a modal particle）！我的护照怎么没有了？

王：别着急，好好儿想想，不会丢了吧？

汉斯：对了！放在手提包里了。你看，我的记性（jixing, memory）真坏。

王：马上就要开车了，我下去了。你到了就跟我联系。

汉斯：一定。

王：问你家里人好！祝你一路平安！

汉斯：谢谢！再见！

二 语 法 Grammar

（一）动词的态 Aspects of the verb

1. 动作即将发生 An action is going to happen

动作即将发生，可以用"要……了""快要……了"或"就要……了"来表示。例如：
"要……了"，"快要……了" or "就要……了" can be used to indicate that an action is going to happen immediately, e.g.

① 飞机就要起飞了。　② 快要到北京了。

③ 明天就要放假了。　④ 他要考大学了。

2. 动作的进行 An ongoing action

动作的进行，可用"正在""正""在""呢"或"正（在）……呢"等表示。例如：
"正在"，"正"，"在"，"呢" or "正（在）……呢" can be used to indicate an ongoing action, e.g.

① 我正在看报呢。　② 他正跳舞呢。

③ A：你在写毛笔字吗？

　　B：我没写毛笔字，我画画儿呢。

复习（八） REVIEW (VIII)

3. 动作或状态的持续　The continuation of an action or a state

动作或状态的持续，可用"着"表示，否定形式用"没有……着"。例如：
"着" may be used to indicate the continuation of an action or a state. Its negative form is "没有……着", e.g.

> ① 墙上挂着几张照片。
> ② 桌子上放着花儿，花儿旁边放着几本书。
> ③ 他一边唱着歌，一边洗着衣服。
> ④ 通知上没写着他的名字。

4. 动作的完成　The completion of an action

动作的完成可以用动态助词"了"表示。否定形式用"没（有）"。例如：
The aspect particle "了" may be used to indicate the completion of an action. Its negative form is "没（有）", e.g.

> ① 我看了一个电影。　　② 我买了两支铅笔。
> ③ 他喝了一杯茶。　　　④ 他没喝咖啡。

5. 过去的经历　A past experience

过去的经历用"过"表示。否定形式是"没有……过"。例如：
"过" is used to indicate a past experience. Its negative form is "没有……过", e.g.

> ① 我去过上海。　　　　② 他以前学过汉语。
> ③ 他还没吃过烤鸭呢。

（二）几种特殊的动词谓语句　Sentences with special verbal predicates

1. "是"字句　The "是" sentence

> ① 他是我的同学。　　　② 前边是一个中学，不是大学。
> ③ 那个电视机是新的。

2. "有" 字句　The "有" sentence

① 我有汉语书，没有法语书。　② 我有哥哥，没有妹妹。

③ 他有很多小说和杂志。

3. "是……的" 句　The "是……的" sentence

"是……的" 句用来强调动作的时间、地点或方式等。例如：
The sentence with the "是……的" construction is to stress when, where or how the action occurred, e.g.

① 他妹妹是昨天到这儿的。　② 他是从欧洲来的。

③ 我是坐飞机去上海的。

④ 那本杂志是从李红那儿借来的。

4. 存现句　The sentence expressing existence, appearance or disappearance

① 床旁边放着一个衣柜。　② 那边走过来一个人。

③ 我们班走了两个美国同学。　④ 桌子上有一本书。

5. 连动句　The sentence with verbal constructions in series

① 我去商店买东西。　② 我有一个问题要问你。

③ 我没有钱花了。　④ 他们去医院看一个病人。

6. 兼语句　The pivotal sentence

① 老师让我们听录音。　② 他请我吃饭。

③ 外边有人找你。

7. "把" 字句　The "把" sentence

① 他把信给玛丽了。　② 他想把这件事告诉小王。

③ 别把东西放在门口。　④ 他没把那本小说还给小刘。

⑤ 她把孩子送到医院了。

复习（八） REVIEW (VIII)

三 练 习 Exercises

1. 按照实际情况回答问题　Answer the following questions according to the actual situations

（1）你回国的时候，怎么向中国朋友和中国老师告别？

（在中国学习、生活觉得怎么样，怎么感谢他们的帮助等等）

（2）你参加过什么样的告别活动？

（欢送会、吃饭、照相、演节目等等）

2. 会话　Make dialogues

（1）告别　Farewell

> 我来向你告别。
> 我要……了。
> 谢谢你对我的照顾。
> 给你们添了不少麻烦。
> 不用送。
>
> 日子过得真快。
> 哪天走？
> 真舍不得啊！
> 对你的照顾很不够。
> 你太客气了。
> 哪儿的话！
> 没什么。
> 不用谢。
> 准备得怎么样了？
> ……都收拾好了吗？
> 我帮你……

（2）送行　Send-off

> 祝你一路平安！
> 问……好！
> 路上多保重。
> 希望你常来信。

（3）托运　Consignation

> 这儿能托运吗？
> 可以海运吗？
> 要多长时间？
> 运费怎么算？
>
> 运什么？
> 运到哪儿？
> 您的地址、姓名？
> 请填一下儿表。
> 按照……收费。

3. 完成对话　Complete the following conversation

A：你什么时候走？

B：_____。

A：_____？

B：都托运了。谢谢你的照顾。

A：_____，照顾得很不够。

B：_____。

A：我一定转告。请问你们全家好。

B：_____，我也一定转告。

A：祝你_____！再见！

B：_____。

4. 语音练习　Phonetic drills

（1）声调练习：第一声+第四声　Drills on tones: 1st tone + 4th tone

bāngzhù　（帮助）

xiānghù bāngzhù　（相互帮助）

xīwàng xiānghù bāngzhù　（希望相互帮助）

（2）朗读会话　Read aloud the conversation

A: Wǒ kuài huí guó le, jīntiān lái xiàng nǐ gào bié.

B: Shíjiān guò de zhēn kuài! Shénme shíhou zǒu?

A: Hòutiān xiàwǔ liǎng diǎn bàn.

B: Xīwàng wǒmen yǐhòu hái néng jiàn miàn.

A: Xièxie nǐ hé dàjiā duì wǒ de zhàogù.

B: Nǎr de huà, nǐ tài kèqi le. Hòutiān wǒ qù sòng nǐ.

A: Búyòng sòng le.

B: Bié kèqi.

四　阅读短文　Reading Passage

　　今天晚上有中美两国的排球（páiqiú, volleyball）赛。这两个国家的女排打得都很好。我很想看，可是买不到票，只能在宿舍看电视了。

　　这次比赛非常精彩。两局（jú, set）的结果（jiéguǒ, score）是1比1。现在是第三局，已经打到12比12了，很快就能知道结果了。正在这时候，王兰走了进来，告诉我有两个美国人在楼下大厅等我。他们是刚从美国来的。我不能看排球赛了，真可惜！

　　我一边走一边想，这两个人是谁呢？对了，姐姐发来电子邮件说，她有两个朋友要来北京，问我要带什么东西。很可能就是我姐姐的朋友来了。

　　我来到大厅一看，啊！是我姐姐和她的爱人。我高兴极了。马上又问她："你们来，为什么不告诉我？"他们两个都笑了。姐姐说："要是先告诉你，就没有意思了。"

词汇表 VOCABULARY

	A		
安静	ānjìng	形	39
安全	ānquán	形	27
按照	ànzhào	介	38
	B		
把	bǎ	介	34
白	bái	形	24
班	bān	名	26
搬	bān	动	38
办	bàn	动	31
办法	bànfǎ	名	32
办公	bàn gōng		38
半路	bànlù	名	23
帮忙	bāng máng		32
帮助	bāngzhù	动	21
包	bāo	名	33
包裹	bāoguǒ	名	38
包子	bāozi	名	30
保证	bǎozhèng	动	35
保重	bǎozhòng	动	40
报	bào	名	21
报名	bào míng		39
抱歉	bàoqiàn	形	23
被	bèi	介	35
比	bǐ	介	28
比较	bǐjiào	副	30
比赛	bǐsài	动/名	29
笔试	bǐshì	名	26
冰	bīng	名	28
冰箱	bīngxiāng	名	30
病	bìng	名/动	27
病房	bìngfáng	名	39
病人	bìngrén	名	35
博物馆	bówùguǎn	名	31
不但…… 而且……	búdàn…… érqiě……		38
不要	búyào	副	27
不如	bùrú	动	39
布置	bùzhì	动	25
	C		
才	cái	副	23
参观	cānguān	动	21
参加	cānjiā	动	21
餐厅	cāntīng	名	33
查	chá	动	30
唱	chàng	动	21
超重	chāo zhòng		38
衬衫	chènshān	名	33

趁	chèn	介	36		戴	dài	动	35
成绩	chéngjì	名	26		耽误	dānwu	动	40
城市	chéngshì	名	31		蛋糕	dàngāo	名	26
迟到	chídào	动	27		当	dāng	动	30
充电	chōng diàn		24		导游	dǎoyóu	名	30
重新	chóngxīn	副	39		倒	dǎo	动	35
抽	chōu	动	27		地	de	助	33
出差	chū chāi		24		的话	dehuà	助	38
出境	chū jìng		40		得	děi	能愿	27
出门	chū mén		24		灯	dēng	名	34
出院	chū yuàn		34		低	dī	形	28
除了……以外	chúle……yǐwài		30		地	dì	名	24
					地址	dìzhǐ	名	37
窗户	chuānghu	名	24		电梯	diàntī	名	23
窗口	chuāngkǒu	名	32		电影院	diànyǐngyuàn	名	23
春天	chūntiān	名	28		丢	diū	动	29
D					冬天	dōngtiān	名	28
打开	dǎ kāi		26		动	dòng	动	38
打扰	dǎrǎo	动	36		动车	dòngchē	名	31
打算	dǎsuàn	动/名	36		度	dù	量	28
打听	dǎting	动	38		锻炼	duànliàn	动	34
打针	dǎ zhēn		34		队	duì	名	29
打字	dǎ zì		30		对不起	duìbuqǐ	动	23
大使馆	dàshǐguǎn	名	38		**E**			
大厅	dàtīng	名	32		饿	è	形	33

F

发烧	fā shāo		34
发音	fāyīn	名	30
方便	fāngbiàn	形	25
方便面	fāngbiànmiàn	名	35
房卡	fángkǎ	名	33
放	fàng	动	25
放假	fàng jià		29
放心	fàng xīn		30
非常	fēicháng	副	31
分	fēn	名	26
风	fēng	名	24
风景	fēngjǐng	名	31
封	fēng	量	22
父亲	fùqin	名	30
复习	fùxí	动	22

G

该	gāi	动	37
感冒	gǎnmào	动/名	27
刚	gāng	副	22
刚才	gāngcái	名	21
高	gāo	形	22
高速公路	gāosù gōnglù		38
高铁	gāotiě	名	31
告别	gào bié		36
歌	gē	名	21
个子	gèzi	名	22
各	gè	代	31
更	gèng	副	25
狗	gǒu	名	26
够	gòu	动	36
姑娘	gūniang	名	22
顾客	gùkè	名	38
刮	guā	动	28
挂	guà	动	32
关	guān	动	24
光盘	guāngpán	名	23
广告	guǎnggào	名	32
国际	guójì	形	38
过意不去	guò yì bú qù		36

H

海关	hǎiguān	名	40
海运	hǎiyùn	动	38
汗	hàn	名	40
好几	hǎojǐ	数	22
好久	hǎojiǔ	形	36
合适	héshì	形	40
盒子	hézi	名	26
黑	hēi	形	35
黑板	hēibǎn	名	37

红	hóng	形	24		价目表	jiàmùbiǎo	名	38
后天	hòutiān	名	30		检查	jiǎnchá	动	32
候机室	hòujīshì	名	40		见	jiàn	动	24
护照	hùzhào	名	32		见面	jiàn miàn		22
花瓶	huāpíng	名	24		交流	jiāoliú	动	38
滑	huá	动	28		交通	jiāotōng	名	27
画	huà	动	25		教	jiāo	动	29
画儿	huàr	名	25		叫	jiào	动	39
话	huà	名	29		结实	jiēshi	形	39
坏	huài	形	23		街	jiē	名	39
欢送	huānsòng	动	37		节目	jiémù	名	37
欢送会	huānsònghuì	名	37		借	jiè	动	23
还	huán	动	23		进步	jìnbù	动	40
黄	huáng	形	24		精彩	jīngcǎi	形	37
回答	huídá	动	29		久	jiǔ	形	23
会	huì	名	22		旧	jiù	形	28
或者	huòzhě	连	39		句子	jùzi	名	22
J					觉得	juéde	动	25
机会	jīhui	名	36		**K**			
急	jí	形	24		开	kāi	动	21
挤	jǐ	形/动	40		开发	kāifā	动	31
计划	jìhuà	名/动	31		开始	kāishǐ	动	34
记	jì	动	30		看样子	kàn yàngzi		35
技术	jìshù	名	27		考	kǎo	动	26
继续	jìxù	动	36		考虑	kǎolǜ	动	40

咳嗽	késou	动	27		量	liáng	动	34
可	kě	副	40		聊天儿	liáo tiānr		36
可爱	kě'ài	形	26		了	liǎo	动	26
可能	kěnéng	能愿/形	23		了解	liǎojiě	动	39
可是	kěshì	连	22		另外	lìngwài	连/副	39
可惜	kěxī	形	24		留	liú	动	37
渴	kě	形	33		录音笔	lùyīnbǐ	名	23
空儿	kòngr	名	22		旅行	lǚxíng	动	29
口试	kǒushì	名	26		旅游	lǚyóu	动	37
裤子	kùzi	名	33		乱	luàn	形	39
快递	kuàidì	名	39		乱七八糟	luànqībāzāo		24
快乐	kuàilè	形	26		**M**			
L					马路	mǎlù	名	27
来不及	lái bu jí		31		马马虎虎	mǎmahūhū	形	25
来得及	lái de jí		31		马上	mǎshàng	副	24
篮球	lánqiú	名	29		嘛	ma	助	25
老	lǎo	形	36		卖	mài	动	32
冷饮	lěngyǐn	名	40		毛笔	máobǐ	名	29
离开	lí kāi		36		帽子	màozi	名	40
礼堂	lǐtáng	名	32		没关系	méi guānxi		23
礼物	lǐwù	名	24		每	měi	代	27
里边	lǐbian	名	21		美	měi	形	25
联系	liánxì	动	24		门	mén	名	26
练	liàn	动	29		门口	ménkǒu	名	21
凉快	liángkuai	形	28		们	men	尾	36

密码	mìmǎ	名	33
面包	miànbāo	名	35
名胜古迹	míngshèng gǔjì		31
墨镜	mòjìng	名	35

N

那么	nàme	代	36
难	nán	形	26
能力	nénglì	名	30
年纪	niánjì	名	37
牛奶	niúnǎi	名	40
弄	nòng	动	23
努力	nǔlì	形	40
女朋友	nǚpéngyou	名	22
暖和	nuǎnhuo	形	28

P

爬	pá	动	29
胖	pàng	形	28
跑	pǎo	动	40
跑步	pǎo bù		29
陪	péi	动	22
漂亮	piàoliang	形	22
平安	píng'ān	形	40
普通话	pǔtōnghuà	名	30

Q

起来	qǐ lai		38
气温	qìwēn	名	28
铅笔	qiānbǐ	名	25
签名	qiān míng		33
签证	qiānzhèng	名	32
钱包	qiánbāo	名	32
墙	qiáng	名	37
巧	qiǎo	形	22
轻	qīng	形	39
清楚	qīngchu	形	30
情况	qíngkuàng	名	34
秋天	qiūtiān	名	28
区	qū	名	31
取	qǔ	动	38
取得	qǔdé	动	37
全	quán	形/副	26
裙子	qúnzi	名	33

R

然后	ránhòu	连	31
让	ràng	动	23
热闹	rènao	形	31
热情	rèqíng	形	37
人民	rénmín	名	34
认真	rènzhēn	形	40
日子	rìzi	名	36
容易	róngyì	形	25

入境	rù jìng		40
软卧	ruǎnwò	名	32

S

散步	sàn bù		29
嗓子	sǎngzi	名	34
沙发	shāfā	名	35
山	shān	名	29
伤	shāng	名/动	34
上班	shàng bān		40
舍不得	shěbudé	动	37
深	shēn	形	37
什么的	shénmede	助	35
圣诞节	Shèngdàn Jié	名	21
实习	shíxí	动	37
事故	shìgù	名	27
收拾	shōushi	动	30
手	shǒu	名	25
手表	shǒubiǎo	名	25
手术	shǒushù	名	34
手提包	shǒutíbāo	名	39
手续	shǒuxù	名	36
受	shòu	动	34
瘦	shòu	形	28
舒服	shūfu	形	27
输入	shūrù	动	33

树	shù	名	35
摔	shuāi	动	24
水果	shuǐguǒ	名	31
水平	shuǐpíng	名	37
顺便	shùnbiàn	副	31
死	sǐ	动/形	33
算	suàn	动	38
虽然……但是……	suīrán……dànshì……		37
随身	suíshēn	形	39
碎	suì	形	24
锁	suǒ	动/名	34

T

太极拳	tàijíquán	名	29
谈	tán	动	30
糖	táng	名	35
躺	tǎng	动	29
讨论	tǎolùn	动	32
特别	tèbié	副	39
疼	téng	形	27
踢	tī	动	29
提高	tígāo	动	30
体温	tǐwēn	名	34
替	tì	介	39
添	tiān	动	39

词汇表 VOCABULARY

填表	tián biǎo		33
跳舞	tiào wǔ		21
贴	tiē	动	37
停	tíng	动	32
通讯	tōngxùn	名	37
通知	tōngzhī	动/名	21
同学	tóngxué	名	22
痛快	tòngkuai	形	33
头	tóu	名	27
图书馆	túshūguǎn	名	32
退	tuì	动	32
托运	tuōyùn	动	38

W

晚会	wǎnhuì	名	21
忘	wàng	动	24
微信	wēixìn	名	26
喂	wéi/wèi	叹	21
为了	wèile	介	38
位	wèi	量	21
温度	wēndù	名	28
文件	wénjiàn	名	34
问好	wèn hǎo		40
问题	wèntí	名	26
舞会	wǔhuì	名	21

X

希望	xīwàng	动/名	40
习惯	xíguàn	动/名	27
洗衣机	xǐyījī	名	30
洗澡	xǐ zǎo		33
系	xì	名	21
下	xià	动	28
下班	xià bān		40
下载	xiàzài	动	36
夏天	xiàtiān	名	28
箱子	xiāngzi	名	33
向	xiàng	介	36
小吃	xiǎochī	名	31
小时	xiǎoshí	名	30
小说	xiǎoshuō	名	23
些	xiē	量	25
鞋	xié	名	39
新婚	xīnhūn	动	26
新年	xīnnián	名	21
新闻	xīnwén	名	36
信用卡	xìnyòngkǎ	名	31
行李	xíngli	名	32
幸福	xìngfú	形/名	26
修	xiū	动	23
雪	xuě	名	28

	Y		
烟	yān	名	27
研究生	yánjiūshēng	名	36
颜色	yánsè	名	25
眼镜	yǎnjìng	名	35
眼睛	yǎnjing	名	34
样子	yàngzi	名	25
药	yào	名	27
要是	yàoshi	连	25
钥匙	yàoshi	名	29
一……就……	yī……jiù……		34
衣柜	yīguì	名	25
医院	yīyuàn	名	27
一定	yídìng	副	21
一路	yílù	名	40
遗憾	yíhàn	形	24
已经	yǐjīng	副	36
以内	yǐnèi	名	32
椅子	yǐzi	名	33
一边……一边……	yìbiān……yìbiān……		36
因为	yīnwèi	连	36
英文	Yīngwén	名	23
硬卧	yìngwò	名	32
用	yòng	动	23
游	yóu	动	29
游览	yóulǎn	动	31
游泳	yóu yǒng		29
有的	yǒude	代	36
有点儿	yǒudiǎnr	副	27
有名	yǒumíng	形	31
有时候	yǒu shíhou		28
又	yòu	副	25
右边	yòubian	名	37
雨	yǔ	名	28
语法	yǔfǎ	名	30
预报	yùbào	动/名	28
预订	yùdìng	动	32
预习	yùxí	动	30
原谅	yuánliàng	动	23
圆珠笔	yuánzhūbǐ	名	31
约	yuē	动	23
约会	yuēhuì	名/动	22
越来越……	yuè lái yuè……		37
运	yùn	动	38
运动	yùndòng	名/动	29
运费	yùnfèi	名	38

	Z							
杂志	zázhì	名	35	中心	zhōngxīn	名	38
再说	zàishuō	动	22	终于	zhōngyú	副	33
脏	zāng	形	23	重	zhòng	形	34
糟糕	zāogāo	形	24	周末	zhōumò	名	35
展览	zhǎnlǎn	动/名	40	主意	zhúyi/zhǔyi	名	39
站	zhàn	动	29	住院	zhù yuàn		34
张	zhāng	动	34	注意	zhùyì	动	27
着急	zháojí	形	35	祝	zhù	动	26
照顾	zhàogù	动	36	祝贺	zhùhè	动	26
这么	zhème	代	25	转	zhuǎn	动	39
着	zhe	助	32	转告	zhuǎngào	动	21
正	zhèng	副	22	撞	zhuàng	动	35
正在	zhèngzài	副	21	准备	zhǔnbèi	动	36
支	zhī	量	23	准时	zhǔnshí	形	35
只	zhī	量	26	桌子	zhuōzi	名	25
直达车	zhídáchē	名	32	自己	zìjǐ	代	25
只要……就……	zhǐyào……jiù……		33	足球	zúqiú	名	29
				嘴	zuǐ	名	34
				最近	zuìjìn	名	35
中文	Zhōngwén	名	21	左边	zuǒbian	名	37

专有名词 Proper Nouns

安妮	Ānnī	40	欧洲	Ōuzhōu	36
广东	Guǎngdōng	29	浦东	Pǔdōng	31
广州	Guǎngzhōu	30	人民医院	Rénmín Yīyuàn	34
桂林	Guìlín	31	香港	Xiānggǎng	30
李红	Lǐ Hóng	21	友谊宾馆	Yǒuyì Bīnguǎn	21
南京路	Nánjīng Lù	31	豫园	Yù Yuán	31
尼娜	Nínà	24			